만화

존 로스와 조선형제들

"조선인들의 빛, 한글 성경이 인쇄되다"

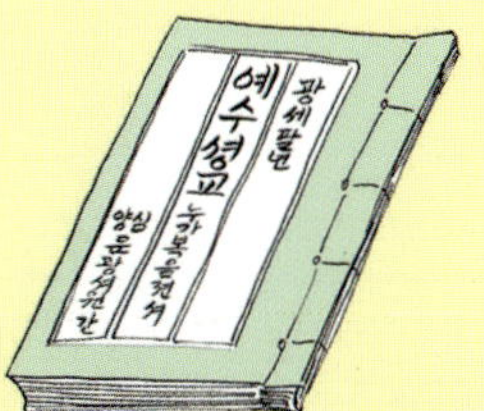

1. 한글 성경 번역 이야기

글과 그림 변영우

초판발행 2017년 01월 20일
2 쇄 발 행 2022년 04월 01일

펴 낸 이 김옥인
펴 낸 곳 문광서원
출판등록 제 2010-000074 호
주 소 서울 용산구 한남대로 41-6
홈페이지 www.munkwang.com
E-mail munkwangbooks@gmail.com
전 화 02) 797-8846
팩 스 02) 6455-8522
ISBN 978-89-98232-51-1 (03230)

이 도서의 국립중앙도서관 출판시도서목록(CIP)은
CIP 홈페이지(http://seoji.nl.go.kr)와
국가자료공동목록시스템(http://www.nl.go.kr/kolisnet)에서 이용하실 수 있습니다.

CONTENTS

[발간에 부쳐]

"선교사 보다 성경이 먼저 들어온 나라, 조선!"

1885년, 미지의 땅 조선에 미국선교사 언더우드와 아펜젤러가 입국하였다. 그런데 놀랍게도 내한한 선교사들이 지방 전도여행을 나서기도 전, 많은 사람들이 선교사를 찾아와 세례를 요청하는 일이 벌어졌다. 더군다나 조선사람들의 손에 이미 한글 성경이 들려있다니! 선교사들이 씨를 뿌리기도 전, 오히려 '이른 추수'를 하기 위해 분주해야 했던 기적이 조선 땅에서 일어난 것이다.

"그렇다면 최초의 한글 성경은 누가 번역했으며, 한글 성경은 어떻게 조선 땅에 들어와 널리 퍼질 수 있었던 걸까?" 만화 <존 로스와 조선형제들>은 이 간단한 질문에서부터 시작되었다.

존 로스가 중국 선교사로 산동성 지푸에 도착한 것은 1872년 8월 23일. 당시 31세였던 로스는 갑작스러운 사별의 아픔을 겪는다. 아내 스튜어트가 사역지였던 만주에서 출산 후 건강을 차마 회복하지 못한 채 숨을 거두고 만 것이다. 하지만 이런 아픔 속에서도 로스는 선배 선교사이자 조선선교를 위해 대동강에서 순교한 토마스의 선교사의 이야기를 떠올리며 조선 선교의 꿈을 품는다.

그 후 로스와 조선형제들은 우여곡절 끝에 만주에서 10여 년간 한글성경을 번역하여 출간하고 그렇게 만들어진 한글 성경은 성경 배달에 목숨을 건 조선의 형제들을 통해 미지의 땅 조선에 들어오게 된다.

이 만화는 스코틀랜드 연합장로교의 존 로스와 맥킨타이어 목사가 조선의 형제들과 함께 한글 성경을 번역하여 출간하고, 그것을 조선형제들이 배달하며 한국 최초의 교회들을 만들어간 하나님의 역사를 흥미진진하고 생생하게 그려내고 있다.

책을 맺으며 "맞습니다 하나님, 모두 하나님께서 하신 일입니다!"라고 했던 존 로스 목사의 고백이 이 책을 읽는 모든 독자의 마음속에 동일하게 고백되어지기를 큰 마음으로 소망한다.

[추천사]

흥행만을 추구할 뿐 내용 없는 영화들이 많습니다.
그저 그림만으로 가득 채운 만화도 많습니다.
심지어는 그런 책도 넘쳐납니다.
아니 요즘엔 하나님의 말씀이 빠진 설교도 많이 들립니다.
성경구절을 인용하지만 하나님의 의도는 전혀 반영되지 않습니다.
지난 역사들을 책으로 혹은 선교 만화로 엮는다는 게 쉬운 일은 아닐 것입니다.
그런데 여기 문광서원에 조선기독교의 역사와 이야기를 쉽게 그러나 정확하게
누가 보아도 손색이 없는 내용으로 가득 담아낸 책이 나왔습니다.
아이들이 재미로, 웃음으로 읽어 넘기기에는 실제적이고,
사실적인 역사 만화입니다.
그래서 저는 이 책을 기독교인이 아닌 분들에게도 추천해주고 싶은
흥미진진한 글이고, 이야기이고, 만화라고 소개하고 싶습니다.
이것은 흘러가는 이야기가 아닌 사실입니다.
우리나라에 복음이 들어오기까지의 선교사님들의 헌신과 희생.
그 과정에서 드러나는 역사와, 어두움에 갇혀있던 이 백성을 향한 하나님의 관심.
이 모든 역사적 사실을 통해 오늘 우리에게 주어진 축복.
만화는 이 모든 사실을 충실하게 담아내고 있습니다. 이 수고와 기쁨을
한국 교회가 다 보고 깨닫고 결심케 되는 역사가 이뤄지기를 기대하게 됩니다.
하나님이 영광을 받으시고, 더 많은 이들이 우리가 선물로 보낼 한 권의 성경이
주는 그 축복에 동참하는 일이 일어나기를 소원하며 추천하는 바입니다.

무익한 종 이 삭
모퉁이돌 선교회

[추천사]

귀한 내용을 즐겁게 볼 수 있도록 출판해주셔서 감사를 드립니다.
어려서부터 서상륜, 서경조 두 분의 믿음의 조상들이 하나님의 말씀을 이 민족에게 전하시기 위해 흘려야 했던 많은 눈물과 헌신의 이야기를 들으며 저 또한 믿음의 길로 걸어갈 수 있었던 것은 큰 복이었습니다. 이 책에는 제가 일찍이 들어왔으나 자세히 알지 못하던 많은 일화들이 구체적으로 기록되어 있었습니다. 하나님께서 우리 민족을 사랑하시고 구원하시려고 귀한 하나님의 일꾼들을 사용하신 복된 이야기를 보며 더 이상 믿음의 선배들의 후손만이 아닌, 저 또한 이 시대에 부름 받은 한 사람으로서 최선을 다해 하나님의 말씀을 전할 것을 다짐해봅니다.

서우진 목사 (서경조 목사의 고손자, 현 영암교회 부목사)

하나님이
조선을 사랑하사

미국 의료선교사 알렌은
1884년 가을,
최초로 조선 정부의 허가를
받아 공식적으로 조선 땅에
입국한다.
그 다음 해인 1885년, 미국
선교사 언더우드와 아펜젤러가
입국하였다.

그런데 놀랍게도
내한한 선교사들이
지방 전도여행을
나서기도 전,
많은 사람들이
선교사를 찾아와
세례를 요청하는
일이 벌어졌다.

미국에서
선교사님이
왔대요!

그럼
세례 받으러
만주까지
갈 필요가
없잖아!

선교사님! 우리에게
세례를 베풀어 주시라요!

우리도
예수님을 믿는
사람들이라요!

만주 집안에 한인교회 존재!
평양지역 전도: 김청송
의주지역 세례지원자
100여 명: 백홍준
100
서울지역 세례지원자
300여 명: 서상륜
300
집안
의주
평양
소래
서울
대구
부산
부산, 대구
일본인 권
활동으로
많은 신자
존재!
1885年 朝鮮
아니? 어떻게 선교사가
들어오기도 전에 한글
성경과 세례 받고자 하는
신자들이 있는 거지?

朝鮮: 조선

공식 내한한 선교사들이
씨를 뿌리기도 전,
오히려 '이른 추수'를
하기 위해 분주해야 했던
기적이 조선 땅에서
일어난 것은…

만주에서 10여 년간
모든 역경을 딛고 한글 성경을
번역하여 출간하고

馬太傳: 마태전
使徒行傳: 사도행전
文光書院: 문광서원

그렇게 만들어진
한글 성경을
목숨 걸고 배달한
주님의 종들이
있었기에 가능한 일이었다.
예수셩교젼셔
10
이 만화는
스코틀랜드 장로교의
존 로스와
맥킨타이어 목사가
문광서원을 통해
한글 성경을
조선 형제들과
번역하여 출간하고,
그것을 조선 형제들이
배달하며 전도하여…
白鴻俊

한국 개신교의 '북방 선교 루트'를 개척해 복음을 전하고,
한국 최초의 교회들을 만들어간 하나님의 역사를 추적해본다.

하나님이 조선을 이처럼
사랑하사 기쁜 소식, 복음을
전할 자들을 보내시노라!

1장: 만주로 가는 길

1872년

1872년 8월 23일 중국 산동성 지푸 앞바다

하나님께서 당신을 통해
하시려는 일이 드디어
시작되는군요.

음…

끼룩
끼룩
끼룩

어! 조심!
끼룩

끼룩
끼룩
끼룩
끼룩

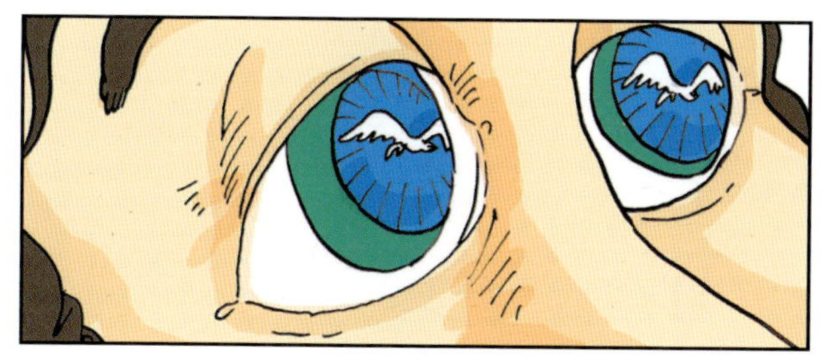

맞아……

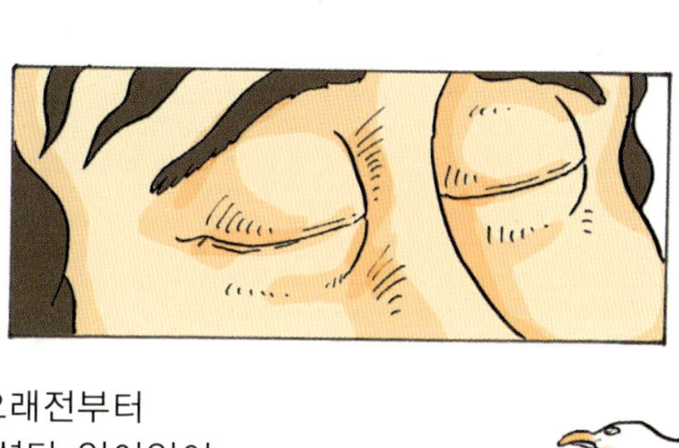

이 일은 주님이 오래전부터
내가 해내길 원하셨던 일이었어.

20년 전

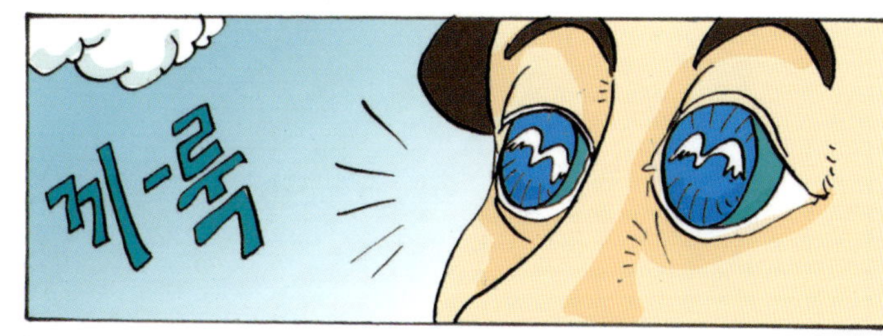

끼룩

푸드득

저리 가란 말이야!

앙앙!

괜찮아
캐시?
존 오빠. 나쁜 갈매기들이
내 과자 빼앗아 먹었쪄! 잉잉
그래 울지마
캐시야.
오빠가 업어줄게.
존, 캐시가
또 울었니?
네, 엄마
형아 나도
업어주라!
존 로스는 1842년 스코틀랜드의 크로마티 하구의 어귀에 있는
인버네스의 북쪽 한 어촌에서 8남매 중 장남으로 태어났다.

존 오빠
가지마!

아버지인 휴 로스는 의류 도매업자였으며 그의 가정은 꽤 여유가 있는 편이었다.

하하! 자네 아들 교육을
아주 잘 시켰구먼!

잘했어
역시 내 아들!

그때 존의 고백을 하나님은 분명히 들으신 것 같았다.

믿음의
용사가
될게요!

그리고 십 수년의 세월이 흘러 존은 글래스고우 대학을 졸업했다.

학생제군들 졸업을 축하합니다. 이제 모자 끈을 옆으로 돌려놓아도 됩니다.

만세! 졸업이다!

파티하자!

축하한다 아들아.

스카치 위스키 한잔 어때?

아, 아버지.

큰 아들
수고했어!
이제 대학 공부를
끝냈으니 앞으로
계획이 있니?
저는 에딘버러 신학교에
가려고 합니다.
어이, 친구
제 정신이야?
뭐?
진심이야?
여보, 장남이
가업을 이어야
하는 거 아니에요?
존 오빠 멋져!
주님 일이 가업이지.
잘 생각했다.
감사합니다
아버지.
차남도
있잖아요! 엄마.
쩝… 이해가
안 되는 집안이군.

이렇게 존 로스는 가문의 믿음의 뿌리를
전승하기 위해 목사의 길에 들어선다.

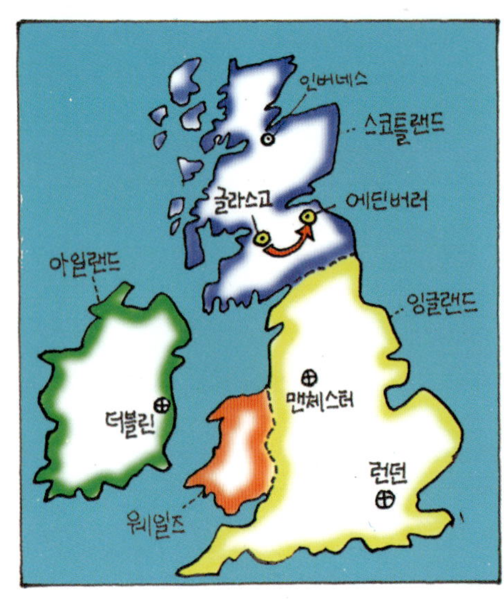

내 영혼아 주님을
찬양할지어다!

제일 쉬운 게
성경공부였어요!

자, 그럼 신명기에서
모세가 고별 연설을…

특히 그는 외국어에
큰 재능을 보여주었다.
GREEK
헬라어면
헬라어!
HEBREW
히브리어면
히브리어!
오케이, 이번에는 정말
어려운 중국어!
우리가 저런 말을 알아야
하는 이유가 뭐야?
中国語
하나님 나라
확장에 도움이
되니까!

中國語: 중국어

존은 당시 서양인들이 배우기 가장 어렵다고 여겨지던 중국어마저도 능숙하게 구사했다고 한다.

아니 저 친구는 외국어를 어떻게 저토록 잘 하나요?

존이 태어나 자란 지역은 19세기 중엽까지도 대부분 주민이 옛 스코틀랜드 언어인 갈릭어를 사용하고 있었죠.

인버네스
에버딘
던디
에딘버러
글라스고

용감한 스콧인은
갈릭어를 해야
제 맛이지!
존 로스는 갈릭어를 사용하면서 성장했고,
편(Fearn)교구의 힐턴(Hilton)마을에 있는 학교에
가서야 비로소 영어를 처음 배웠다고 한다.
마늘 냄새가 나서
갈릭어인가? 하하!
세련된 영어를 써야죠!
ENGLISH
GAELIC
1
2
두말할 나위 없이
두 언어를 배웠던
경험으로
이후에 저는 중국어와 한국어까지
유창하게 할 수 있었죠.

졸업 후 인버네스에서 전도사 사역을 하던 존 로스는 1868년부터 해외 선교회 총무 맥길 박사의 영향을 많이 받게 된다.

인도! 윌리엄 캐리!
India! William Carey!

INDIA

WILLIAM CAREY

오, 인도 선교의 감동!
심장이 터질 거 같아!

아프리카! 데이비드 리빙스턴!
Africa! David Livingstone
AFRICA
DAVID
LIVINGSTONE
오, 주여! 불쌍한 저들을
어찌할까요?

중국! 허드슨 테일러!
China! Hudson Taylor!
CHINA
HUDSON
TAYLOR
더 이상 못 참겠다! 주여 제가 여기 있사오니
저를 땅끝으로 보내소서!

오랫동안 중국 선교사로 계시다 마침 영국으로 돌아오신 허드슨 테일러 선교사의 선교 보고를 직접 듣도록 하죠.
니 하오마! 여러분.
CHINA
中
国
진짜 허드슨 테일러다!!!
중국에서는 수억의 사람들이 복음을 모른 채 죽어가고 있어요! 한 달에 약 100만 명, 매 시간 1,000명의 영혼들이 하나님을 알지 못한 채 죽음의 어둠 속으로 들어가고 있다고요!
아! 내 가슴이 왜 이렇게 뛰는 거지?
저는 100명의 선교사들이 중국에 보내지길 매일 기도합니다.
쿵
쿵

이렇게 존 로스는 중국 선교의 길을 걷기로 결심한다.

1872년 2월 27일에 해외 선교부는 존 로스를
스코틀랜드 장로교 연합선교회 소속 선교사로 발령한다.

자네에겐
역시 중국이
딱 어울려!

오 주님!

CHINA

中国

닷새 뒤인 25일에 스튜어트양과 결혼을 하면서…

그의 나이 30세에 생애 가장 거대한 모험을 시작하는데…

해외로 신혼여행 가는 거네요.

자네를 위해 기도하겠네!

아들아! 자랑스럽구나!

신혼 부부는 바로 영국을 떠나 선교지로 향했다.

몸 조심 해야 해!

로스 부부의
희한한 신혼여행

U.K
DA
EUROPE
AFRICA

로스 부부는 대서양을 배로 건너고

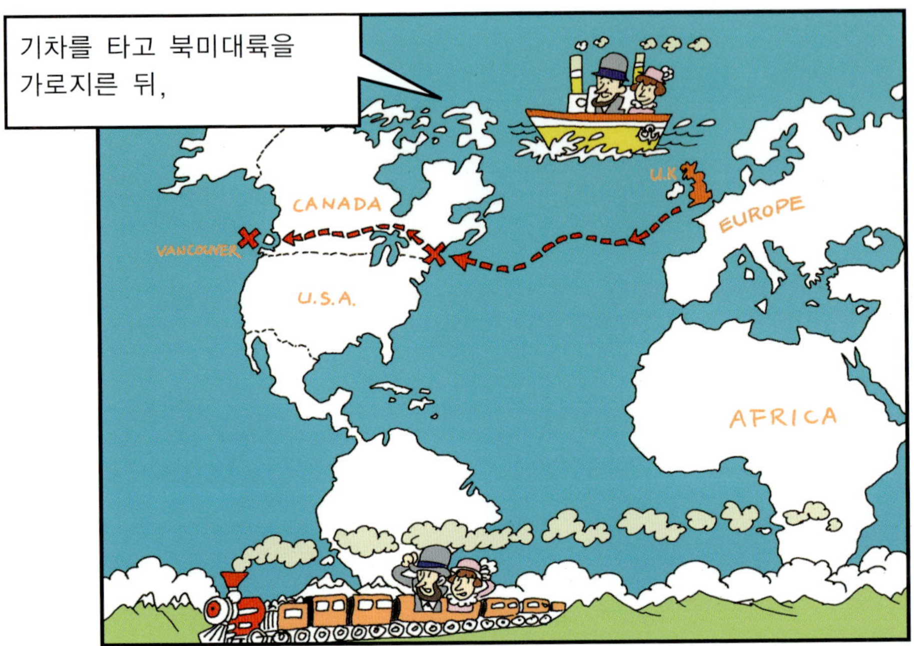

드디어 몇 달간의 긴 여행 끝에 부부는 캐나다 밴쿠버에 도착했다.

드디어 태평양을 건너 로스 부부는 일본에 도착한다.

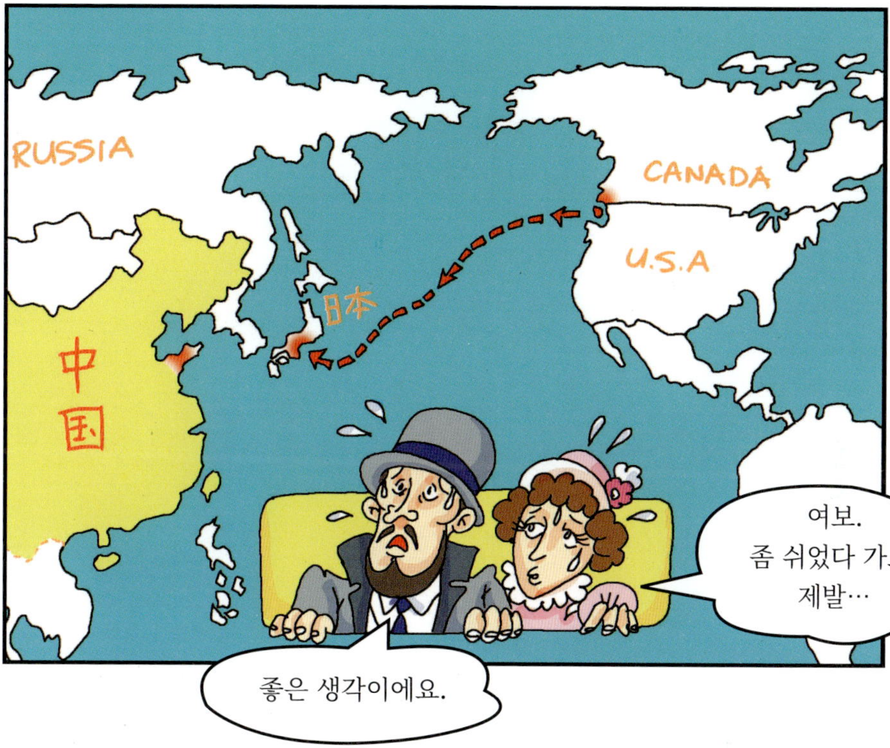

여보.
좀 쉬었다 가요.
제발…

좋은 생각이에요.

로스 목사 부부 일본 방문

당시 일본은 서양 선교사들의
동아시아 전초기지 역할을 하고 있었다.

일본에서 로스 목사는 각국에서 온 선교사들을 만나 교제를 하였다.

在日宣教師俱樂部: 재일선교사구락부

요즘 중국은 상황이 안 좋아지고 있고, 이곳 일본은 그나마 괜찮은 편이죠.
어머 사모님이 완전 새색시네.
여행 길이 꽤나 힘들었죠?
그렇군요.
중국에서도 잘 할거 같지?
고생 많았죠. 선교사 부인의 자리란 원래 그런 거에요.
아니! 입덧을 하네!
어머! 임신하셨나 봐요.
웁! 웁!
정말 축하해요!
경사 났네 경사 났어!!

중국은 위생상태가 엉망이라서
임산부가 힘들다던데 어쩌지?
괜찮나?
주님 일 하는데
단단히 각오해야죠
새색시가
고생이 심하겠네…
쯧쯧
이건 무슨 지도죠?
동아시아 지도를
처음 보나요?
CHINA
KOREA
JAPAN

동아시아에 진출해서 각국 선교사들이
세워놓은 거점들을 표시한 지도죠.

KOREA? 여긴 텅 비어 있네요.

KOREA

이곳 KOREA가 바로
선교사들의 무덤으로
악명이 높은 조선이라는 나라예요.

수십 년 동안 우리 프랑스 신부들과
조선 천주교 신자들이 순교 당한 곳이죠.

이런…
프랑스친구
또 시작이군!
아! 아마 6-7년 전 쯤에 당신네 나라
영국 선교사 한 명이 우리 미국 상선을 타고
조선에 들어갔다가 순교 당한 일도 있었죠.
맞아요. 아주
고약한 곳이죠!
아니, 영국사람도
죽었소?
맞아. 정말 위험한
곳이에요.
글쎄 미국 배는
불에 타버렸고
모두 맞아 죽었다
그러죠?
게다가 목이 잘려
죽은 사람들도
있었대요….

중국은
어쩌고
저쩌고…
후덜덜덜
여보!
아내가 몸이 불편해서
먼저 가보겠습니다.
여긴 어디?
난 누구?
몸 조심하시고
푹 쉬어요.

로스 부부는 얼마 후 일본을 떠났다.
일본은 체질에 안 맞는 거 같아요.
빨리 우리 목적지로 갑시다.
쫑꿔 싼뚱 갈 사람, 타라 해!
끼룩
끼룩
선교사의 무덤이라는 미지의 나라 조선 땅을 빙 돌아서…
우리는 목적지인 중국 산동성 지푸에 도착한 것이다.

드디어 우리 선교지에 왔으니
이제부터는 모든 게 잘 풀릴 거야!

그대여, 아무 걱정하지 말아요!

존 로스 목사
이십니까?

네. 반갑습니다.

전 맥킨타이어 목사입니다.
일단 선교본부로 가시죠.

짐들 잘 챙겨라 해!

어? 탈 것을 말이 아니라
사람이 끌어요?
하하, 중국은 사람이 많다 보니
사람이 대신할 수 있는 일도 많아요.
빨리 가면
팁 좀 주려나?
내 인력거,
마차보다 빠르다 해!
아이쿠야!
엄마야!
와다다다다~!!!
아저씨, 저 인력거 따라 갑시다!

어이 만만디! 천천히!
슬로우 다운!
임산부가 타고 있어요! 제발!
중국사람 느려터지지 않다 해!
잘 한다 해!

짐
받아라 해!
山東: 산동
山東
어머! 성격도
급하셔라!
오! 로스 목사님 환영합니다.
마침 스코틀랜드연합선교회
전체 전략회의 중인데 잘 되었네요.
헉헉
반갑습니다.
드디어 왔군! 아까 내가
주장한대로 잘 진행하시오.
곧바로
회의?
자, 아시다시피 우리 스코틀랜드
연합장로교의 중국 선교는 1862년 중국
남부 영파에서 시작되었지만
그래서?
여의치 못해 스코틀랜드 성서공회(NBSS)의 윌리엄슨
총무의 지도 하에 작년인 1871년부터 이곳 산동반도를
중심으로 활발한 선교활동을 펼쳐왔습니다.

그런데 이번에는 만주지역을 우리 스코틀랜드 연합선교회가 공격적으로 선교대상지역으로 삼게 됨에 따라
만주
영구
산동성 지푸
이번에 새로 부임한 유능한 존 로스 목사 부부를 만주의 영구로 파송하는 것이 아주 좋을 것 같습니다.

네? 만주 영구요??
띠리리리 영구 없다?

러시아가 연해주를 양도받은 1860년 이후, 청나라 조정이 실시해온 만주에 대한 한족의 출입 금지령(봉금령)이 느슨해졌다. 때문에 만주에 많은 한족과 조선인이 유입되어 인구가 늘어난 상황이라 선교하기에 좋은 조건이 만들어지고 있었다.

윌리엄슨 선교사는 '토마스 선교사'의 이야기를 시작했다.

웨일즈에서 온
토마스를 처음 만났을 때는
많이 망가진 상태였죠.
아내를 잃은 지 얼마 되지
않았을 때였거든요.
그런데 조선인들의
사정을 듣고나서
눈에 불이 켜지더라고요!

부인이
죽었다고?

그리고는 조선 선교에
몸 바치기로 한 거죠.

성령의
불이었군요!

미국 상선이 대동강에서
조선관군과 전투를 벌이다가 그
불타버리고 말았어요.

일이 이렇게 꼬여서 토마스는
죽을 지경에까지 이르렀죠.

그 친구 성격에 죽으면서도
성경을 뿌리며 전도했겠죠.

헉! 나랑 나이도 비슷한
친구가 대단한 일을…

윌리엄슨의 이야기를 듣고 로스는 토마스의 순교를 생각하며 조선 선교의 꿈을 품게 된다.

그리고 그곳에서 로스는 엄청난 불행과 마주하게 된다.

2장: 절망을 딛고 일어나다

아일랜드 분
성격은 어떠시려나?

심양(봉천)
영구
북경
의주
지푸
한양
(서울)
청도

아일랜드인이 좀 다혈질인건
알고 계신지?

로스 부부가 도착하기 전까지, 만주는 아일랜드 장로교의 헌터 의사를 제외하고는 한 명의 선교사도 없는 미개척 지역이었다.

고마워요
선교사님.

일단 제가 사는
집에서 같이
지내시지요.
만삭이 다 되셔서
힘드시겠어요.

너무 신세를 많이 지네요.

선교사님도 불편하실 텐데 저희가 빨리 집을 얻도록 하겠습니다.
그런데 여기 만주 중국인들은 서양 선교사들에 대한 시선이 곱지 않아요. 집 얻는 게 쉽지 않을 겁니다.
오잉?
집을 못 구하시면 그냥 산동으로 돌아가시는 것도 생각해보세요. 부인이 만삭이시니까요.
우리를 반기지 않는 눈치인데…
눈치가 있으면 알아들었겠지?
바울도 남이 자리잡은 터 위에 교회를 세우지 않았건만.
처음부터 난감하네…

이런
매국노야!
어디 서양귀신에게 집을
세주려고 하냐 해! 앙!
모두의 예상대로 일은 쉽게 풀리지 않았다
아직 계약 안 했다 해!
어이 서양인! 괜히 문제
일으키면 잡아넣겠다 해!
만주는
원래 청나라의
본향이라
자존심과
배타성이 강한
지역이었고,
아직 봉금령이
풀리지 않아
외지인에 대한
경계심이 컸다.
조심해!
이런!
내가 뭘
잘못했다고?

로스 목사는 한족 봉금령이 풀리기 직전, 만주에 입국해 아직 어려움을 겪어야 했다.
양귀(서양 귀신)야! 돌 맞고 죽어라!
곱게 살고 싶으면 빨리 너희 나라로 돌아가라 해!
환난과 박해 속에서 로스 목사 부부가 만주에서 맞은 첫 가을은 이렇게 깊어만 갔다.

로스 목사는 한겨울의 추위가 들이 닥쳐서야 어렵사리 집을 얻게 되고, 출산을 앞둔 부인과 새집에 들어갈 수 있었다. 영하 25도를 넘나드는 살인적인 추위가 만삭의 임산부를 기다리고 있었다.

덜덜… 여보 너무 추워요.

조금만 참아요.
그래도 우리 집이 생겼잖소.

이런 열악한 환경 속에서 로스 부인은 아이를 낳았다.

아-악-!

뜨거운 물
준비하세요!

목사님은 나가 계셔라 해!

덜덜… 순산하게 해주소서 주님.

여보, 정말 수고했어요.

응-애-!

아가… 너만 건강하면
엄마는 괜찮아.

그렇게 아들 드루먼드가 태어났다.

젖을 물릴
유모를 구해왔소.

아기 젖은 내가 주겠다 해.

초봄인데도 혹한에 시달리며 산후조리를 제대로 하지 못한 로스 부인은 날로 쇠약해졌

여보 밖에 꽃이 많이 피었소.
꽃구경 하러 가겠소?

꽃이요? 아… 정말
꽃을 좀 보고 싶네요.

내가 꽃다발을
만들어 줄테니 기다려요.

꽃 향기가 정말 좋아요.

아, 정말 아름답네요.
룰루 랄라
우리 예쁜 아기…
불쌍한 아가.
엄마가 너무 아파서
정말 미안하구나…
우와! 예쁘네.
아내가 기뻐할 거야!
우리 아기…
오랫동안 함께 있고 싶었는데…

여보 여기
꽃 다…발…

야야야

스…르…르…

사모님 !

로스 부인은 아들
낳은 지 한 달 만
1873년 3월 31
봄날…

그렇게 세상을
떠나고 말았다.

기운 차립시다
로스 목사.

당신의 죽음을
헛되지 않게
하겠소 여보.

로스 부인의 시신은 만주의 첫 순교자 번즈 선교사의 무덤 옆에 묻혔다.

끼룩
끼룩
끼 룩
끼 룩

로스는 아내를 잃은 슬픔 가운데에서 중국인들의 사랑을 보았다고 했다.

아들 키우는
문제가 급선무지!
흑룡강
길림
외몽고
신강
내몽고
봉천
조선
청해
감숙
섬서
산서
직례
산동
하남
강소
사천
호북
안휘
절강
귀주
호남
강서
운남
광서
복건
광동
대만
버마
라오스
월남
시암
중국을
품으시겠다?
활약이
기대되는군!
그래! 주의
일을 시작하려면
내 개인적인 문제부터
빨리 해결해야 한다.
로스는 어린 아들의 양육을 위해
여동생 캐더린(Catherine)을
만주로 부르는 작업을 시작한다.
사랑하는
캐시에게…
Dear Cathy

어서 와서
읽어보렴!
캐시!
엄마! 아빠! 중국에
있는 존 오빠에게서
편지가 왔어요.
DH - DH
어떤
소식일까?!
사랑하는
캐시에게…
네 올케가 주님
곁으로 먼저
가고 말았단다.
어린 드루먼드만
남기고…

오! 주님!
이럴 수가!
어떻게
이런 일이!
오빠가 너무 
힘들구나…
너무 미안하고 염치 없는 부탁이지만 캐시,
네가 이곳 중국으로 와 줄 수 없겠니?

중국으로?
드루먼드가 좀 자랄 때까지라도
네가 키워 줄 수 있다면
좋겠구나…
이런!
오, 캐시야 거긴
위험한 곳인데…
Oh No! 우리 여동생을
중국에 보낼 수 없어!
캐시가
선교사?

캐시의 의사를 확인한 로스는 7월에 외국 선교부에 있는 맥길 박사에게 편지를 써서 아들의 양육을 위해 그의 여동생 캐더린을 보내주도록 요청했다.

안녕하세요? 맥길 박사님?
오빠 편지 받으셨어요?
오! 캐더린 양?
벌써 왔어요?
추진력이 있군!
콰
당!
저를 중국으로 보내주신다면
유능한 선교사인 저희 오빠가
선교에만 집중할 수 있도록 드루먼드를
잘 키우는 것은 물론,
제가 여학교도 운영하고
싶은데, 괜찮을까요?
SCHOOL
방
방!
오케이 바로 합격이에요!

1873년 12월 말 캐더린은 런던에서 글라마트니(Glamartney)호를 타고 중국으로 간다.

한편 로스는 아내를 잃은 슬픔에만 빠져 있지 않기 위해,
그 해에 더욱더 중국어 공부에 매진했다.

사서(四書)는 대학(大學) 논어(論語) 맹자(孟子) 중용(中庸)!
삼경(三經)은 시경(詩經) 서경(書經) 역경(易經)!

공자 왈"學而時習之
(학이시습지)면
不亦說乎(불역열호)라!"
"배우고 때로
익히면 또한
기쁘지 않겠는가?"
기가 막힌
글이군!
목사님 중국어
실력 대단하다 해!
그 정도면 충분하다 해.
그동안 갈고 닦은 중국어로 사람
낚는 어부가 되어 볼까나?
방구석에서
맨날 책만 보지
말고 이제 나가서
전도해보라 해!

로스는 영구지방 일대의 순회 전도에 나선다.

어이 양귀!
물렀거라! 훠이!
으쌰라
까 꿍!!
쿵!
선물 하나
줄까?
웬 중국판
골리앗?

퍽-!
귀신 잡는 수박이요!
이런 세상에!
헉!
이 완악한 만주 중국인들의 마음을 얻으려면 어찌해야 될까?
우헤헤! 이제 서양귀신 폼이 좀 나네!
수박 귀신이네!
목사님 괜찮냐 해?
줄줄 질질

그래! 모욕하고
비난하는 사람들을
관용으로 대하자!
죽기까지 인내하신
그리스도처럼!
이 인간 아무리 모욕을
줘도 화를 내지 않다니!
희한하네…
"人不知而不慍 不亦君子乎
(인부지이불온 불역군자호)"
뭐야? 당신 성인 군자였어?
"남이 알아주지 않더라도 성내지
않는다면 또한 군자가 아니겠는가?"

아니 이 서양 코쟁이가 우리 공자님 말씀을 알다니!!

공자님 말씀을 좋아해요.

“學而時習之(학이시습지)면 不亦說乎(불역열호)라!” “배우고 때로 익히면 또한 기쁘지 않겠는가?”

좋았어! 저 코쟁이 맘에 드는군!

호! 제법이네!

나 같은 깡패도 가도 돼?

우리 기독교인은 누구나 다 환영한다!

자 저희 집에 가셔서 편하게 차 한 잔 하면서 이야기 나누시죠.

서양인이 어떻게 사는지 궁금하구먼.

로스는 관용과 중국문화와 풍습에 대한
풍부한 지식으로 중국인들에게 한 걸음씩 다가갔다.

우희의 애절한 노래가
아저씨 마음을 훔쳐가요.
제가 제일 좋아하는 경극(京劇)은
패왕별희(霸王別姬) 아니겠습니까?
京劇
霸王別姬
에이, 항우가 폼 나지!
하하! 이 서양친구 신기하네.

로스 목사는
복음을 전하기 전,
공자에 대해
얘기하며
중국인들의
가치관을
존중해주었다.

공자님이
주유천하 할 때
고생 많았죠.

또 중국인의 문화 안에서 그리스도를 이해하고 신앙을 설립하도록 배려했다.

로스는 일부러 길거리 설교를 하지 않고 대신 언제 어떤 교회당에서 기독교에 대해 토의한다고 공표하고는 했다.

基督敎 大討論會: 기독교 대토론회

로스는 설교할 때 유교의 윤리적 가치관을 통해 중국인들에게 복음을 전하는 방법을 사용했다.

광범위한 철학적
문제들을 논했던
중국의 '청담' 이라는
토론 방법을
이용한 '청담' 식
전도 방법에
중국인들은
쉽게 적응하였고

로스는 먼저 간단한 강연을 하고 난 다음
사람들의 질문을 받고 답을 해주었다.

결과적으로
기독교 사상은
더 쉽게 전파될
수 있었다.

할렐루야!

그리스도의 도라는 것이
아주 기품이 있군!
나도 한 번 믿어보지!

그리스도를 믿고
은혜 받는다는 건
대단한 일이네요!

드디어 캐더린이 만주에 도착했다.

이게 다 뭐람!
홀아비 티내지 말고
방 정리 좀 하고 살아요!
하하
벌써부터 잔소리냐?
좀 쉬었다 해라.
네가 드루먼드구나!
아유 예쁘기도 하지!
까르륵!
내가 고모 캐시다! 아니
이제부터 내가 네 엄마야!!

어이구, 오빠
청승 그만 떨어요!
캐시 정말
고맙구나…
흑흑…
그리고 오빠, 내가 만주에 온 김에
중국여자학교 하나 해봅시다.
중국여자학교, 그거
참 좋은 생각인데!
조금 천천히 해도
되지 않을까 캐시?
오빠!
주님 오실 때가
이렇게 가까운데
어떻게 천천히
할 수 있겠어요?

캐더린이 도착한 뒤로 안정을 되찾은 로스는 새로운 선교사역을 위한 준비 작업에 착수한다.

1874년 여름 로스 목사는 아일랜드 선교사 헌터와 만주의 선교 담당 지역을 나누었다.

그럼 나야 좋지만,
로스 목사가 미전도 지역을
개척하셔야 되는데
힘들지 않겠소?

주님이 담당
해주실 겁니다!

그리하여 아일랜드 선교회는 만주의 서쪽을, 스코틀랜드 선교회는 만주의 북쪽과 동쪽을 맡게 되었다.
룰루랄라
왜 동북쪽을 택했냐 해? 거긴 더 거칠다 해.
이유를 알고 싶어?
난 예전부터 스코틀랜드 선교회의 중심지는 영구가 아니라, 만주의 수도이자 청나라에서 두 번째로 큰 도시인 '봉천'에 있어야 한다고 생각해왔어!
역시 목사님은 통이 크다 해.
만주
심양(봉천)
영구
북경
산동
조선
일본

사실 가장 중요한 이유는
바로 이곳 Korea 선교
때문이야!

Korea? 조선?
거기는 제일 위험한
곳이다 해!

내게 조선 선교를
위한 많은 아이디어가
있거든!

이제부터 스코틀랜드 교회는
동 만주(滿洲)에서 선교하면서
조선 국경선에 전도자를 보낼 수 있다고!

그리고 조선말로 성경을
번역해서 국경 너머로
보내는 거야!

꿈이
크시네요.

로스는 결혼 1년 만에 닥친 아내와의 사별의 슬픔을 완전히 딛고 일어났다. 그리고 아시아의 마지막 땅 은둔국 조선에 복음의 문을 열겠다는 모험적인 결심을 하게 된다.

3장: 고려문에 처음 가다

끼룩
끼룩
1874년 10월 만주 영구
왕조수, 조선말 좀 하죠?
우리 '고려문'으로 가봅시다!
조선사람들과
직접 접촉해
보려고요?

아니! 걸레로
바닥에 그림을
그리다니?
휙! 휙!
잠깐! 내가 지도를
좀 그리겠다 해.
어떤 길로 갈거냐 해?
조선 사신들이 북경 오고 가는 길인
심양-요양-봉황성 길로 갈까?
심양
(봉천)
봉황성
요양
영구
와우! 천재
대걸레
화가네요!

음… 보자.
어디로 해서 갈까?

지도가 다 마르기 전에
빨리 정해라 해!

이번에는 조선사신들
다니는 길 대신에
대석교로 해서
빨리 갑시다!!

심양(봉천)

요양

봉황성

영구

오, 대석교!
거기 만주에서 제일 좋은
여관 있다 해! 거기서
자자! 띵호!

1874년 10월

로스는 조선 선교의 문을 열기 위해 1874년 10월 9일 영구를 출발, 역사적인 첫 번째 고려문 여행을 시작한다.

로스 일행은 대석교에 있는 북 중국 최고의 여관에서 첫 밤을 보낸다.

大石橋

旅館

第一

滿洲

앞으로 고생 길일 테니 첫날은 편한 데서 잘 자야죠 목사님. 하하!

어서 오라 해!

여기 꽤 비싸겠는데?

大石橋
旅館
第一
滿洲
드르렁
드르렁~~

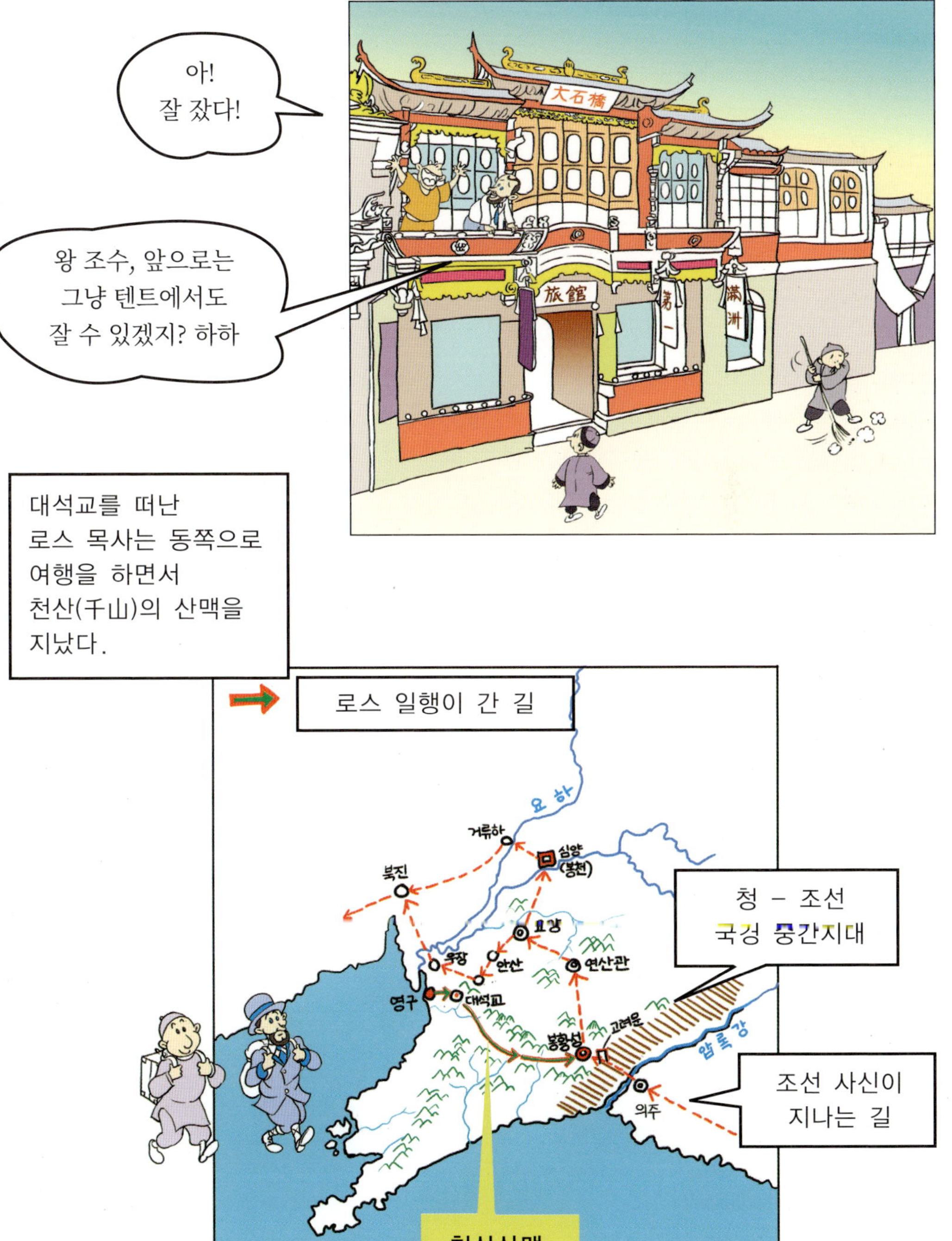
아!
잘 잤다!
大石橋
旅館
第一
滿洲
왕 조수, 앞으로는 그냥 텐트에서도 잘 수 있겠지? 하하
대석교를 떠난 로스 목사는 동쪽으로 여행을 하면서 천산(千山)의 산맥을 지났다.
로스 일행이 간 길
요 하
거류하
심양 (봉천)
북진
요양
우장
안산
연산관
영구
대석교
봉황성
고려문
압록강
의주
청 – 조선 국경 중간지대
조선 사신이 지나는 길
천산산맥

무수한 산맥들이
마치 내 고향
북 스코틀랜드의
산맥들처럼 보이는구나.

목사님 고향에 왔다고
생각해라 해!

수많은 산을 넘은 로스 일행은 열두 번이나 강을 건넜다.

로스는 보고서에 그 지방의 식물과 동물 및 지리,
또한 그 지방의 풍속까지 살펴서 기록했다.

내 눈엔 살아있는 생명들이
더 잘 보이네! 하하

보는 눈이
예리한 친구군!

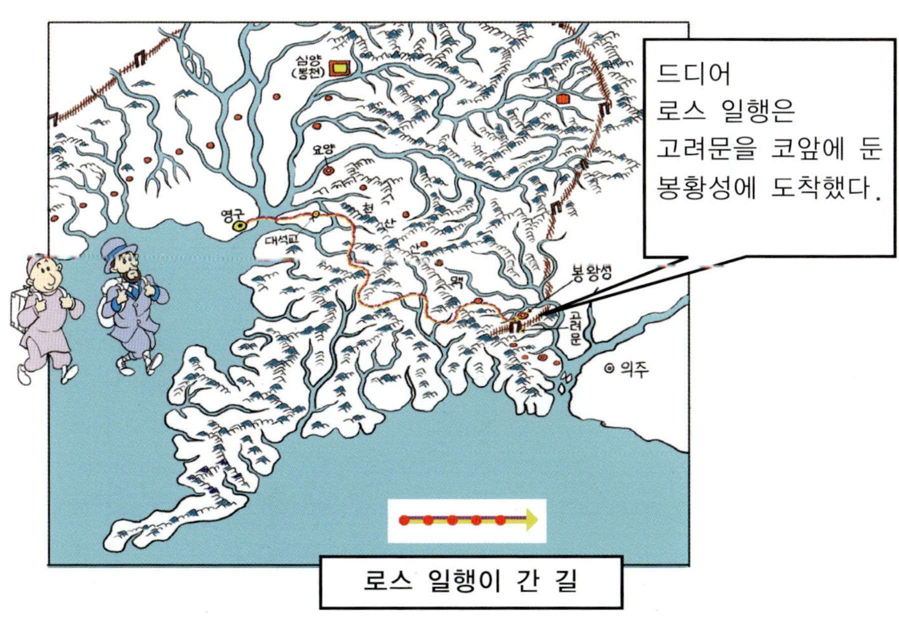

로스 일행이 간 길

로스는 봉황성에서 조선산 배를 샀는데, 그것을 제일 맛있다고 생각했다.

로스는
봉황성에서도
설교를 했고
한문 성경을
팔았다.
예수께서
"내가 곧 길이요
진리요 생명이라"
말씀하셨어요.
자, 생명의 말씀
사 보라 해!
한 권
줘 봐!
뭐
신기한 말
써있냐?
"살람 알라이쿰"
(당신에게 평화가 있기를)
그는 또
선교 보고서에
봉황성에는
이슬람교인들도
있었다고 적었다.
"샬롬!"
이 친구들
무슬림이군!

드디어 고려문에
당도했군! 할렐루야!
高麗門
고려문이란
봉황성 바로 밑의
작은 촌의 거리로
'루카' 라고도 하고
'책문' (현재는 변문진)
이라고도 한다.
이봐 서양인!
여기 온 목적이
관광이냐 무역이냐?
관광이래요.
좋은 아침!
관광 잘 하겠습니다.
여기 고려문에서
의주까지가 청국과 조선
국경 간의 중간지대입니다!

고려문은 청태조가 중원을 통일한 후 조선의 침입을 막기 위하여 장책을 두른 후 설치한 6문 중 하나이며, 조선의 사신이나 상인들의 내왕은 오직 고려문으로 제한하여 조-청 양국의 유일한 통로가 되었다. 청태조부터 강희제 때까지 버드나무 목책으로 쌓은 유조변책은 청나라 발상지인 백두산 인근지역을 보호하기 위해 한족의 출입을 금지하는 봉금령 실시를 위해 확장된다.

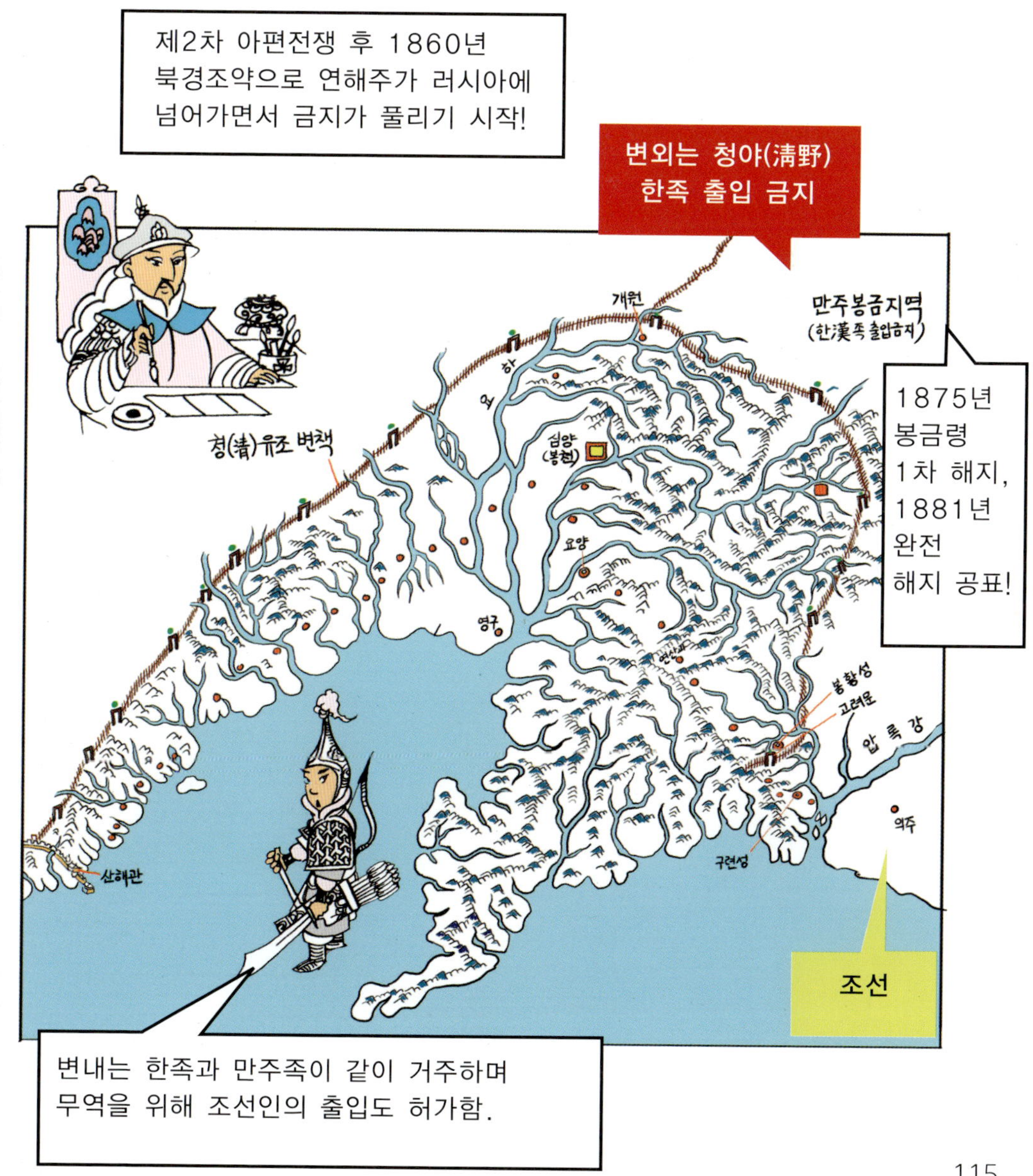

저 산에 도교 도사들이
많이 산다 해. 축지법에
붕붕 하늘 날아다닌다 해.
붕!
붕!
저 산이
그 유명한
봉황산인가?
헛소리 마시고 하하!
그럼 저기 펄럭거리는
흰옷 입고 검은 원반 뿔 쓴
사람들이 도사들인가?
목사님!
저거 조선 사람들이라 해!

조선 사람?
그럼 가서 전도해야지!
예수를 믿으면 구원 받습니다!
예수님은 여러분을 위해
십자가에 달려 죽으셨습니다!
통역 제대로 하고 있나?
걱정 마라 해!
통역이 워낙 좋아서
조선 사람 모이는 거 봐라 해!

시간이 갈수록 흰옷에 갓 쓴 조선 상인들이 로스 일행에게 모여 들었고, 이들은 장시간 계속된 설교에도 자리를 꿋꿋이 지키며 듣고 있었다.

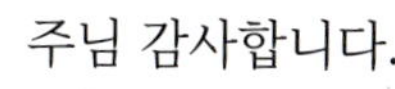

주 예수를 믿으라 그리하면
너와 네 집안이 구원을
얻을 지어다! 설교 끝이다 해!

아!
이제 수많은
조선 사람들이
예수님을
믿겠다고
결단하겠지.

우르르!

설교가 끝나자 조선상인들은 로스에게 우르르 몰려들어 로스 목사가 입고 있는 옷을 마구 만져본다.

오, 주님 이럴 수가! 돈으로도 사지 못 하는 복음의 진리에 관심이 있는 게 아니라 닳아 없어질 옷감에만 관심이 있다니!
저 아바이 왜 저리 화를 내네?
그러지 말고 돈 많이 줄게 옷 팔아라 야!
우리 의주에서 왔다 야! 혹시 차나 설탕은 없네? 그것도 내가 산다!
금도 팔고 소가죽도 팔고 있는데!
가방 안에 든 게 뭔지 좀 보여달라! 내가 산다!
오! 노!
난 그 유명한 고려인삼(홍삼) 있는데 물건 좀 보실라우?

여러분들! 공짜 좋아하죠? 자 공짜 책 받으세요!

공짜라면 양잿물도 먹는다 야!

이거 돈 받아야 되는데…

오늘 땡 잡았네!

이거 뭐이야? 예수 믿는
천주쟁이들 보는 책 아이가?

누구를 죽일라고?
공짜도 공짜 나름이지!

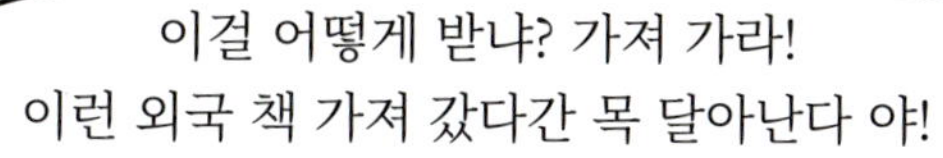

오케이! 그걸 주면 거부할 수 없을 걸!

내일 걱정은 내일 일로~

로스는 밤새 한 잠도 못 자고 궁리한 끝에 멋진 작전을 짜낸다.

자! 여러분 이것 좀 보시오!

기름 없이 타는 불! 바로 양초다 이거야!

뭐라? 양초?

와우! 이거
신기하네.
갖고 싶당!
어때요?
신기하지 않소?
이걸 그냥 주겠단 말이오!
단 한가지
조건이 있소!
이 한문 성경을
받아가는 사람에게만
양초를 주겠소!
헉!
헐!
뜨-아!
이걸 받아 말아?
위험하긴 한데…

자, 주님의 은혜를
양초와 함께!
에잇 나도 모르겠다!
나도 하나 주시오!
설마 죽기야 하겠어?
어이!
그냥 양초만
팔면 안 될까?
無 성경
無 양초 원칙!
자네가 두 개 받아서
나 양초 하나만 주지 ?
이크 무서워라!
나는 싫다!
에이 난 안 받아!
죽으면
다 뭔 소용이야!

旅館: 여관

계십니까? 실례 좀 해도 되겠소?

호기심이 가득한 얼굴을 한 50대 남자 상인 한 명이 여관으로 로스 목사를 찾아왔다.

뉘신지요?

난 의주에서 온 백씨 성을 가진 사람이외다.

혹시 만주어 하실 줄 아십니까?

혹시 조선판 니고데모?

네 그렇습니다. 앉아서 차나 한잔 하시지요.

바로 몇 년 전(1866년 병인양요, 1871년 신미양요) 조선에 있는 천주교인들이 극심한 박해를 당했고, 그 때문에 상인들이 박해를 받을까 두려워 외국 책을 거부한 것이니 양해 하시오.

그렇군요.

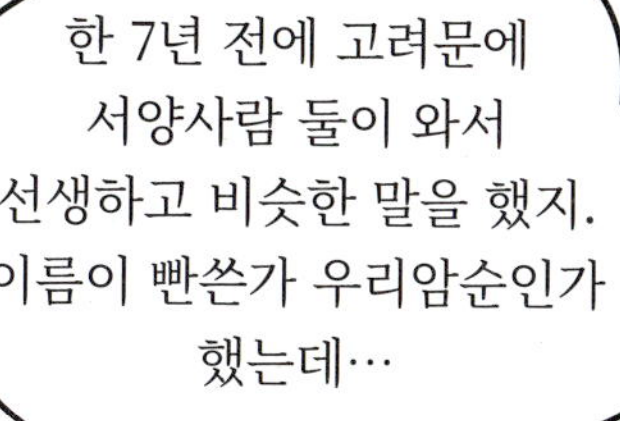

1867년 10월 고려문에 전도 여행 온 번즈와 윌리엄슨 선교사 이야기군. 그때의 혹독한 추위 속에 전도를 강행한 번즈 목사는 건강이 악화되어 다음해 순교했고, 윌리엄슨은 토마스에게 조선 선교 꿈을 심어줬지.

그런데 당신, 언어에 재능이 있는 듯 한데 조선말을 배워보시오.

우리 글자는 배우기도 쉽소이다. 기본 글자만 몇 개 알고 나면 이리저리 맞추어 말이 되지요.

아, 어르신!
우리 만남은 우연이 아닐 겁니다.
이것은 제 선물이니
챙겨 가시지요.

아니, 뭐
이런 걸 다…

로스는 그에게 양초와 한문성경, 그리고 번즈 목사가 번역한 훈아진언(訓兒眞言) 한 권을 그에게 선물했다.

訓兒眞言

조선식 인사는
머리를 이렇게
숙이는 건가?

영국인 잘 가시오!
우연이든 섭리든
만나서 즐거웠소!

다 주님의 뜻이겠지요. 참고로
전 스코틀랜드인입니다! 안녕히 가시오 백 선생!

로스는 그렇게 겉으로는 별 성과가 없어 보였던 첫 고려문 여행을 마치고 돌아왔다.

끼룩끼룩~
영국 갈매기 간만이네 !

여행 결과
로스는 고려문이
이용가치가 많다고
결론 내린다.
아 피곤해!
한 사람도 전도 못하고 왕복 3주간 헛고생만 한 거네요….
아니야 캐시. 고려문에서 다음엔 큰 역사가 일어날 거 같아. 다음 여행을 위한 많은 정보를 수집했어.
영구로 돌아오자마자 로스 목사는 선교 보고서에 고려문 심방('Visit to the Corean Gate')이라는 제목의 글을 썼다.
VISIT TO THE COREAN GATE
고려문은 음력 3-6월, 8월엔 3주간, 9-10월에는 6주간, 그리고 12월에만 개방되어 조선인들과의 통행이 허락된다.
의주로부터 거리는 세관이 있는 고려문(책문)까지는 120리=48km, 봉황성 150리=60km, 심양 445리=178km, 우장까지는 560리=224km로, 사람의 걸음으로는 7-8일이 걸린다.

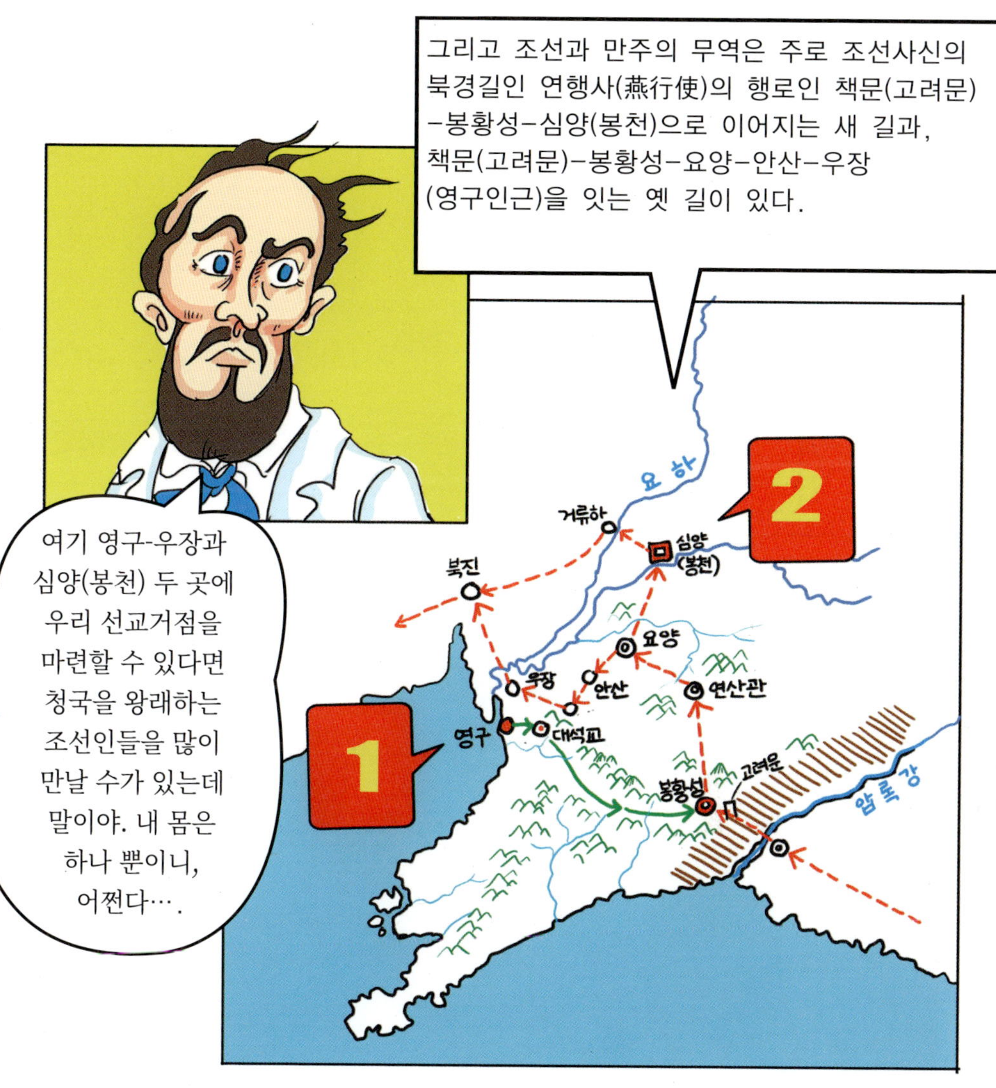
그리고 조선과 만주의 무역은 주로 조선사신의 북경길인 연행사(燕行使)의 행로인 책문(고려문)-봉황성-심양(봉천)으로 이어지는 새 길과, 책문(고려문)-봉황성-요양-안산-우장(영구인근)을 잇는 옛 길이 있다.
여기 영구-우장과 심양(봉천) 두 곳에 우리 선교거점을 마련할 수 있다면 청국을 왕래하는 조선인들을 많이 만날 수가 있는데 말이야. 내 몸은 하나 뿐이니, 어쩐다….
요 하
2
거류하
심양 (봉천)
북진
요양
우장
안산
연산관
1
영구
대석교
고려문
봉황성
압록강

한편,
의주로 돌아온
백 씨.
아버님 돌아오셨습니까? 고려문에서 별일은 없으셨는지요?
그래, 홍준아 내 이번에 가서 영국사람을 만나보지 않았겠냐?
이거 그 사람이 준 책인데 네가 무슨 책인지 읽어나 보라 야!
하! 이거! 서양종교 책이구만요. 최근에 종교에 관심이 많았는데 감사합니다. 아버님.

그는 이 책들을 자기와 같은 연배들의 친구들에게 돌려 읽게 했다.

야! 이 책들 한번 읽어보라. 기막힌 진리가 숨어있다 야!

저거이 왜 또 호들갑이네?

또 무슨 책에 감동 먹었나보지?

그리고 친구들과 함께 성경을 비롯하여 만주에서
은밀히 들어온 기독교 관련 서적을 계속 연구하기 시작한다.

백 씨의 아들은 훗날 조선 최초의 기독교 신자이자 최초의 장로교 전도사 및 장로, 그리고 최초의 순교자가 되는 백홍준(白鴻俊)이다.

이들이 뒷날 한국 개신교 최초의 수세자가 되는 백홍준과 그 친구들이었다.

李應贊: 이응찬　白鴻俊: 백홍준　李成夏: 이성하　金鎭基: 김진기

4장: 꿈을 잉태하다

2차 고려문 여행

로스는 만주의 수도 봉천에 몇 개의 전도관을 설립하려고 1875년 한 해 동안 다섯 번이나 방문하며…

瀋陽: 심양
奉天: 봉천

무척 노력했으나, 일이 잘 풀리지 않았다.

하나만 시범으로 안 될까요?

비공식적으론?

공식적으로는 허가 못 한다 해!

이럴 때 선교회에서 동역자 한 명만 이곳으로 파송해주면 얼마나 좋을까?
혼자서만 이리저리 뛰어다니니 일이 잘 안 풀리네.
?
그나저나 캐시야, 여학교는 잘 되고 있니?
그럼요! 꽃 같이 예쁜 학생 수가 날로 날로 늘고 있죠.
캐시 선생님 최고에요!
만주판 이화학당?

로스가 백홍준의 아버지를 만난 지 1년 뒤인 1875년 말이 되면서,

스코틀랜드 연합장로교의 만주 선교에 큰 변화가 생긴다.

그 동안 산둥성 지푸 서쪽 유현에서 활동하던 맥킨타이어가 만주로 파송되어 로스와 합세하기로 한 것이다.
John Macintyre
심양(봉천)
영구
의주
지푸
한양 (서울)
청도
와우! 존 로스! 오랜만일세! 3년만인가?
하하 맥킨타이어! 새로 부임하는 친구가 자네였군!

?
"有朋 自遠方來 不亦樂乎
(유붕 자원방래 불역락호)
벗이 먼 곳으로부터 찾아온다면
또한 즐겁지 않겠는가?"
대환영일세 맥킨타이어!

내가 자네보다
1년 늦게 중국에
왔어도 말은
한 수 위지?
이 친구 그새
중국사람
다 되었네.

맥킨타이어라고 합니다. 잘 부탁…

인사하게! 내 동생 캐더린이야… 어? 잠깐! 둘이 뭐 하는 거야?

제가 잘 부탁…

헬로? 여보세요? 둘 다 눈에 콩깍지가 씐 것 같은데?

아, 이런… 근데
제 이상형이시네요.
하늘에서 내려온
천사?
어머 그쪽도
딱 제 스타일이네요.
이럴 수가! 호호
백마 탄
기사님?

오~ 그거 아주 잘 됐네요.
아예 우리 둘이 사귀어
봄이 어떨까요?

그러죠 뭐. 오빠~
우리 오늘부터
사귑니다.

와! 성격도
화끈하시네요!

당신을 보자마자
심장이 뛰었어요.

우리는
천생연분
인가봐요.

이런 걸 두고
첫 눈에
반했다고
하죠?

John Macintyre

Catherine Ross

둘은 1876년 초
결혼식을 올린다.

1876년

John Macintyre
+
Catherine Ross

이 두 사람은
하나님과 여러분들
앞에서 일생 동안
고락을 함께 할
부부가 될 것을
굳게 서약하였으므로
성부와 성자와 성령의
이름으로 신랑
존 맥킨타이어 군과
신부 캐더린 로스 양이
부부가 되었음을
선포합니다!

난 오늘 정말로
행복해!
오빠, 드루는
우리가 아들처럼
키울게요.
자네도 빨리
새 장가 가야지.

자네 걱정이나 해.
건강 조심하고!
오빠 밥
잘 챙겨
먹어야 돼.
싸우지들 말고
행복하게 잘 살아!
로스는 우장(영구) 지역을 맥킨타이어와 캐더린에게 맡기고, 자신은 만주 내륙을 담당하기 위해 봉천(심양)으로 터를 옮긴다.
작년 여름에 아일랜드
선교회와 구역을 나누고
나서 이제야 이사하게 되네.
목사님, 심양은
영구보다 훨씬 춥다 해.
각오 단단히 해라 해.

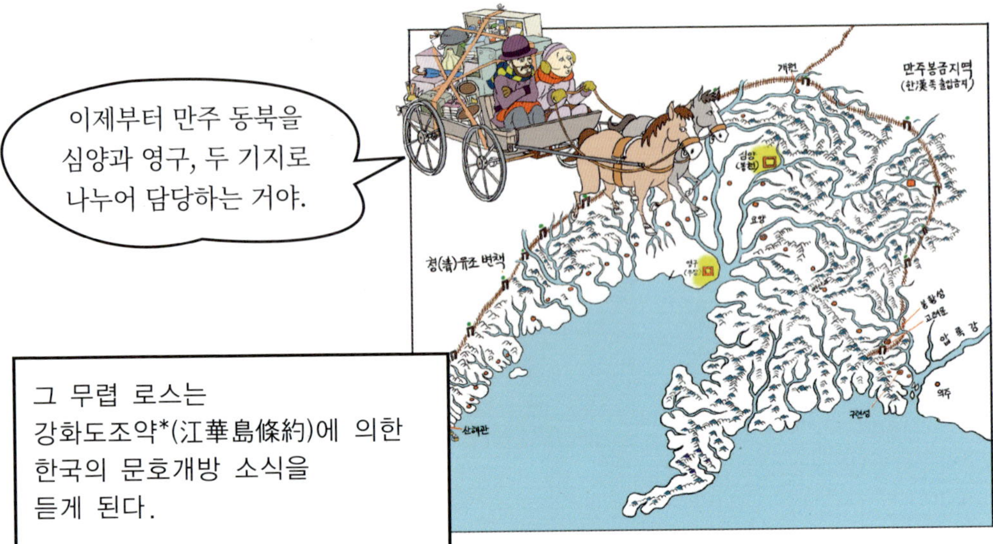

雲揚號事件

The Japan·Corea Treaty of Amity

1876

February 27

MISSION NEWS

朝日修好條規

江華島條約

*일본이 자신들이 일으킨 운요호사건을 빌미로 1876년 2월 27일 조선 조정을 강압적 위협해 맺은 통상조약으로 조선 최초의 근대적 국제법 조약이다. (정식명칭: 조일수호조규(朝日修好條規))

로스는 한국 선교의 부푼 꿈을 안고 1876년 4월 말과 5월에 걸쳐 두 번째 고려문 여행을 나선다.

APRIL 4

MAY 5

Robert Arhtington

봄-봄-봄-봄 봄이 왔어요 ♬

이 여행은 영국의 자선사업가 로버트 아싱톤의 지원을 받았다.

조선어 선생한테서 조선의
한글을 제대로 배워서 신약성경을
조선말로 번역할 생각이네.

NEW TESTAMENT

新約聖經

신약성경

예수셩교셩셔

어이구 꿈도 다부지다 해
그걸 어느 세월에 하냐 해?
그냥 한문 성경 줘라 해.
聖經
아닐세. 조선에 복음의 문이
머지않아 반드시 열릴 걸세.
난 그게 하나님의 뜻이라 믿네.
예수셩교셩셔
만일 그리 된다면
많은 조선 사람들이 쉽게 읽을 수
있도록 성경을 미리 그들 말로
번역하는 것이 주님의 뜻이
아니겠는가?
목사님 참
똑똑하다 해.

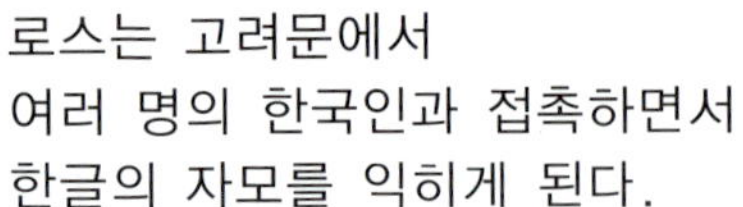

존 로스의 한문이름은 羅約翰(라약한):
영어이름 John은 한문으로 約翰,
즉 요한이고 성 Ross를 羅(라)로 한 것이다.

아저씨
참 잘 가르치시네요.
내가 돈 넉넉히 드릴 테니
하루 종일 내 한글 선생
할 생각 없어요?

그거 좋은
생각이네요!

에이 안 돼. 나도 내 장사해야지.
그러지 말고 젊은 총각 하나 사서
말도 배우고 일도 시키고 해봐.

우장에서 동행한 왕조수는 의주 청년 한 명을 섭외하여 로스에게 소개한다.

오 고맙소.
내가 두 달치 월급을 미리
줄 터이니 나와 함께 합시다.

이정도 돈이면
뭘 못하겠습네까?
뭔 일부터 해드릴까요?

우리 다 같이 마차를 타고
조선 땅으로 가봅시다.

로스, 압록강 국경지대 탐사!
남으로
직진!
구경 가자
조선땅!
로스는 좀 더 조선을 둘러보고 싶은 열망에 마차를 타고 고려문을 지나 압록강과 북쪽 국경 사이에 있는 무인 지경을 답사하러 갔고,
요하
심양
(봉천)
요양
안산
연산관
애하
영구
대석교
봉황성
고려문
압록강
의주
의주가 보이는 애하와
압록강의 합류점까지 갔
저 강 너머가
조선이라
말이지.
거기에 있는 모래밭과 더 비옥한 곳에 있는 농장에서 중국인과 조선인들이 농사를 짓고 있었다.
어디 쉽게 넘을 수 있는
포인트를 찾아볼까?
엥? 도강
하시게요?

로스 일행은
압록강을 따라
북쪽으로 중립지역을
따라 올라갔다.
우린 착한 사람들이에요!
조선사람이 되놈하고 양귀하고 같이 있다 !
뭐야? 수상한 서양인이다!
잠시 검문 좀 해봐야 되겠는데?
그러나 나흘간의 여행에서 많은 한국인들과
마주치고 또 국경 주둔 병사들로부터
괴로움을 당한다.
조선 땅에 들어 오려고 수작들 부리는 거 아니야?
지금 서양사람 도와주는 거 맞지 이 간나새끼!

결국 이 청년은
3일 째 되던 날 밤
도망을 가버리고 말았다.

旅館

미안합네다! 조선국법이 서양인을
도와주다 잡힐 경우 사형에
처한단 말입네다….

이런
낭패가 있나.

젊은 친구
튀었다 해
돈만 날렸다 해

그래도 또
어학선생을
구해봅시다.

목사님 드디어 찾았다 해. 근데 돈 좀 많이 달라한다 해.

로스는 그곳에 몇 달간 머물면서 드디어 한글을 가르쳐줄 수 있는 사람을 만나게 된다.

사람만 확실하다면 돈이 문제요?!

그리고 돈을 아끼지 않고 그를 고용하기로 한다.

달라는 대로 돈은 줄 테니 약속만 확실히 해달라고 해요!

안녕하시오?
의주 출신
이응찬이라 하오.

바로 그 인물이 로스에게 한글을 가르치고 훗날 로스와 함께 요한복음과 마가복음을 번역하게 되는 이응찬이었다.

아이고 이선생!
반갑소!

이응찬은 의주 출신의 중인계급으로 홍삼 등 귀한 한약재를 다루며 청나라 상인들과 무역을 하던 잘나가던 장사꾼이었다.

義州

李應贊

淸
淸
의주
관서
평양
中人
지금의 평안도인 조선의 관서지방에는 청과의 국경무역을 통해 부를 축적하며 성장한 상인 계층이 제 3의 계급으로 부상하고 있었다. 이들은 의주를 중심으로 형성된 조선 후기의 '자립적 중산층'이었다.
양반도 상놈도 아닌 부자 중인!
우리 의주 상인들은 대개 한문과 만주어에 능통한 학인(學人 : literate)으로 독서층이었지!
義州
李應贊
白鴻俊
따라서 경제력과 지식을 두루 갖춘 우리 의주의 중인들은 다른 지방의 어떤 계층보다 개방적이고 독립적이었지.

그래서 의주 중인들 사이에 새로운 문화와 사회질서에 대한 강한 욕구가 있었던 거야!

바로 이 중인들이 성경을 번역하는데 참여하여 한국에 복음을 전파하는 중간 파이프 역할을 하게 되는 것이죠.

몇 달 전 이응찬은 매번 하던 것처럼 의주에서부터 홍삼을 가득 실은 배를 타고 청나라의 단동으로 향했는데…

어기여차~! 돈 벌러 가세!

홍삼 단단히 실었지?

난데 없이 불어 닥친 남서풍 폭풍에 배가 휩싸이고 말았다.

으악! 배가 뒤 집히겠다!

어? 날씨가 갑자기 왜 이래?

물건들을 강에 버려!

결국 배는 전복되고 이응찬은 겨우 목숨만을 건졌다.

흥야흥야

OPIUM

阿片

폐인 하나 추가요!

헤롱헤롱

결국 이응찬은 청나라 단동에서 술과 아편으로 세월을 허송한다.

보다 못한 친구들이 그를 도우려 나섰다.

이 친구야 이렇게 넋 놓고 있지 말고 고려문에 가보자.

거기 조선 사람들 일자리 꽤 있다던데…

아직 젊은데 재기를 해야지! 같이 가자!

아, 귀찮아 냅둬! 술이나 먹다 죽을 거야!

친구들의 독려로 고려문에 당도한 이응찬…
우연히 로스 목사의 중국인 조수와 만나게 된다.

외국 사람한테 조선어 가르치는 일이다. 돈은 섭섭지 않게 쳐준다 해!
근데 어떤 일인데요?
진짜? 근데 이 몸은 값이 좀 비싼데 괜찮겠소?
야! 네가 뭘 따질 형편이야?

당장 먹을 것이 필요해 그날 밤에 찾아온 이응찬이 로스를 만난 것이다.

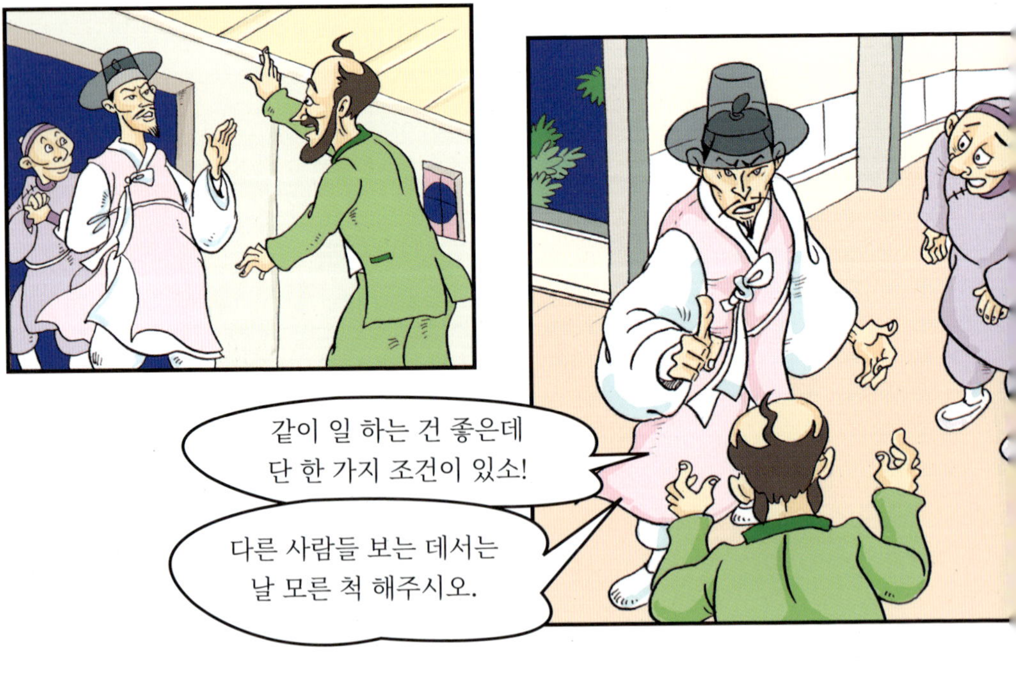

조선의 니고데모 이승찬.

니고 뭐시기건
난 모르겠고,
어쨌든 내가 다시
올 때 까지 날
모른 척 하시오!

원하는 대로
하시죠. 밤중에 몰래
찾아온 니고데모도
예수님의 제자가
된 것처럼 당신도
그리 되면 좋겠네요.

어?
이응찬이다.

와! 보고도
못 본척하네.

로스는 거리에서
이응찬을 만났는데
그는 정말로 로스
일행을 모른 척 했다.

응찬이, 너
저 중국사람하고
일 안 하기로 했니?

저런 정신없는
중국 녀석…

그나저나 내일
우장으로 떠나야
되는데…
진짜 따라 올 건지
모르겠네.

우린
내일 간다 해

그날 밤 이응찬은 모두가 잠 든 시간이 되어서야 자신이 우장(영구)으로 갈 것을 말하고 떠난다.

로스 목사님 나 왔수다!

어이구 고마워라! 오지 않을까 조마조마했는데⋯ 약속 지켜줘 고맙소.

우리 의주 상인은 한번 한 약속 꼭 지킵니다!

이때부터 로스는 이응찬에게 한글을 체계적으로 배우며 한글 성경 번역 준비를 시작한

5장: 태초에 도가 있어

번역이 시작되다

시간이 흘러 겨울이 지날 때 쯤, 로스는 한글을 배우는 재미에 푹 빠져든다.

와! 조선어는 정확한 시제와 뛰어난 동사의 연결어미를 갖고 있네요!

글쓰기에 집중하세요! 목사님!

1877년

한 해정도 한글을 배워 다음 해 봄이 되자 로스의 실력은 상당한 수준이 되었다.

로스는 이응찬과 함께 한국어 교재 Corean Primer를 몇 달간 저술하여

드디어 한국어 교재 Corean Primer가 1877년 여름 상해의 장로교 선교회 출판부에서 간행되었다.

약간 유치하지만 뭐 쓸 만은 하겠네요.

조선어 사전도 없는데 최초의 어학교재가 나오다니! 대단하다 해!

Corean Primer

John Ross

이제까지는 예행연습!

이제부터 본 게임인 한글 성경 번역에 착수합시다!

아니 한문 성경이 있으면 되었지! 왜 힘들게 한글로 번역하나요? 읽는 사람도 없을걸요? 조선에서도 언문으로 된 책은 몇 권 되지 않아요. 책은 한문으로 죄다…

NO! NO!
아니 이 선생. 정말 실망이네요. 조선 사람이 어찌 그런 소리를 해요?

이 선생 생각 좀 해보세요! 한문은 조선의 극소수 지식인 층만 읽을 수 있지만…
한글은 부녀자와 어린 아이까지도 하루 만에 읽는 걸 배울 수 있어요.
성경
제가 잘못 생각한 것 같네요…

나야 일거리가 계속 있으니 좋지요. 그럼 저는 계약이 연장 되는 건가요?

물론이죠! 앞으로 더욱 바빠지실 겁니다!

목사님.
봉천에서 이 선생
소문이 안 좋은데요…
아직도 밥 먹을 때마다
반주도 과하고…

하하 그럼
또 한 상 차려
먹어 볼까나?

주님이 언젠간
고쳐 주실 겁니다.
사람마다 다 주님이
정하신 때가 있으니,
믿고 기다립시다.

1877년 여름,
봉천에서
이응찬은
몇 사람의
조선인
번역자들과
함께 복음서를
번역하기
시작한다.

원본은
한문 문리 성경으로 하지요.

응찬이, 그간
잘 있었나?

이거 혼자서는 못합니다.
그래서 몇 명 더 데려왔어요.

친구 분들 실력도
이 선생만 같으면 됩니다.

요한복음 1장
1절 태초유도
(太初有道)라…
太初有道
자, 그럼 목사님
이름하고 같은 요한복음부터
번역을 시작합니다!
"태초에
도(道)가
있었느니라"
이리 번역하면
되겠구나.
LOGOS
로고스
(말씀)이신
예수
그리스도를
말하는 겁니다.
羅約翰
여기서
말하는 도는
뭔가?
쉽게 갑시다. 천주교에서
천주라 했잖아.
진짜 참 신이신 우리 주님을
어떻게 표현해야 하나?
조선에선
가장 높으신
신의 개념이
뭐요?
그럼
한자로 상제는
신으로 해?
아님 천주로
하나?
그야.
하늘이지
하늘님!
하하

로스는 선교보고서에서 '하늘'(heaven)과 '님'(prince)의 합성어인 '하느님'이 가장 적합한 번역어일 것이라 보고했다. 이 호칭은 후에 "유일하신 분"이라는 신앙고백적 의미까지 담아 개신교에서 '하나님'으로 사용하게 된다.

목사님 요한복음 1장은 거의 번역했는데 한번 봐주시라요.
이튿날요안내예수 자긔 게나아오물보고갈오대 하느님의 양색기셰상의 죄진쟈를보라…
(이튿날 요한이 예수께서 자기에게 나아오심을 보고 가로되 보라 세상 죄를 지고 가는 하나님의 어린 양이로ㄷ
約翰傳
John

그런데 lamb of God (하나님의 어린 양)이 하느님의 양새끼? 이거 욕 아닌가요?
뭐이 욕이가? 평안도에선 쬐끄만 건 다 새끼야!

재미있는 외래어 번역 사례들

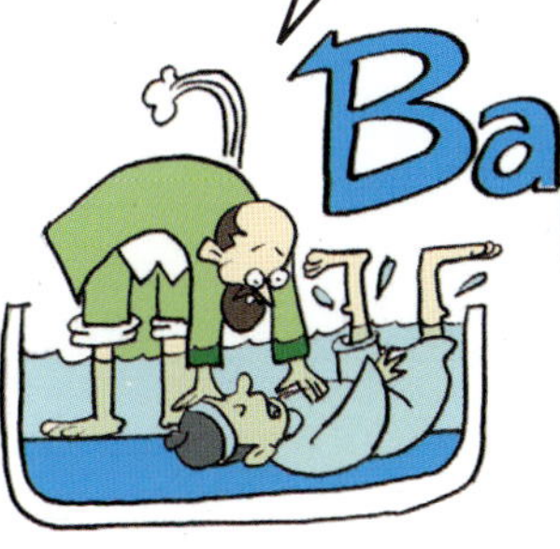

그럼 무교절은
'누룩 금하는 절'이라
하시고

유월절은
'넘넌절'이라 하시요.

이렇게 수많은 우여곡절을 겪으며 로스와 이응찬은 몇몇 조선 번역자들과 함께 1877년부터 1878년 봄까지 요한복음과 마가복음을 거의 번역을 하였으나…

1878년

이때 예기치 못한 사건이 발생한다!

안녕하소?
형씨들!
그대들이 여기서
외국인 선교사를
도우면서 돈벌이 하고
있다는 걸
조선에 있는
관원들이 알면
어찌 될까나?
뭘 어찌 되나?
삼족이 멸하는
꼴을 당하는
거지.
이리 맛난 건
나누어 먹어야
더 좋은 거라고!
어?
왜들 이러시오?
이거 뭐야?
돈이야?
아이고 형씨들 뭔 소리하는가?
자 용돈들 하시게 하하!
덜덜
앞으로도
종종
부탁해!
에이~
이러시면
아주 좋지.

그 후로도 이응찬과 조선인 번역자들에 대한 고발 위협이 계속 되었다.

이거 뜯기는 것도
한번 두번이지.
불안해서 못 살겠어.
그래! 일단 여길
뜨는 게 신상에
좋을 거 같아.
목사님께 말하고 의주로 가자!

언제 오겠다는
기약도 없는
거요?
목사 선생 사정이
이리저리 하여
몸을 잠시 피해야
될 거 같소.
허걱!
미안
하외다…

그날 밤 이응찬 일행은 의주로 줄행랑을 쳤다.

사건으로 잠시 성경 번역 일은 중단되고 만다.

다시 시작된 번역자 물색작업…
위험하단 소문이 싹 돌아서 아무도 안 나선다 해 목사님.
그래 오늘도 못 구했소?
속이 바짝바짝 타 들어가는구먼.
유난히 더웠던 그 해(1878년) 여름
會教關東
여기 봉천은 여름에 불 가마솥 더워다. 시원한 우장으로 휴가 다녀와라 목사님.

영구 장로 교회로 갑시다.
1878년 여름
로스 목사는
우장으로
휴가를 간다.
헥헥 너무
덥군!
날이 너무
더우니 요금
따블로 주쇼!
서양사람들은
덥지도 않나?
이 날씨에 웬 정장?
존! 어서 오게나~
오빠 고생이
많았어요.
아빠
안녕!
그래 드루도,
네 아이도
많이 컸구나.

한글 성경 번역하던 사람들이 조선으로 돌아갔다며?
워낙 위험하다고 아직도 새 지원자가 없어.
그래? 그럼 내가 한 명 추천해 볼 학식도 뛰어나고 매 용감한 조선 친구가 있네.
자, 인사들 하지. 이쪽 조선 분은 서상륜 씨.
여기는 존 로스 목사!
안녕하세요? 만나서 반갑습니다.
어라? 조선말을 잘하시네요. 처음 뵙겠습니다.

후에 이른 바 한국 개신교 북방선교 루트(스코틀랜드 연합장로교)의 대표자로 남방 선교루트(미국개신교 선교부)와의 연합을 이루어낸 주축이 된다.

13세의 어린 나이에 콜레라로 아버지를 여의고 가장이 된 뒤, 동생 서상우(서경조)를 데리고 중국을 드나들며 홍삼을 수출하고 비단을 국내에 수입하는 행상단을 이끌고 있었다.

그가 30세가 되던 1878년 초여름에도 서상륜과 서경조는 여느 때처럼 중국 영구에서 홍삼을 팔고 있었다.

그런데 그곳에서 서상륜은 뜻하지 않게 장티푸스에 걸리고 만다.

짬뽕 맛이 왜 이래? 맛이 갔나?

어어 몸이
왜 이러지?

성님 왜 그러시요?

紅蔘

춥고 떨리고
몸에 열이 나고
온몸이 쑤시고
토할 것 같고…

으으-으으-으으-으

아이고
큰일났네!

꽥

꽥

월월월!

우웩 구웩

그는 열병으로 사경을 헤매게 된다!
안 되겠다! 방법이 없어! 병 치료해준다는 서양 선교사 좀 불러봐라!
으으-으아-아아-아
으악 살려줘! 너무 아파! 차라리 죽는 게 낫다!
자살을 생각할 정도로 병세가 심각해지자 동생과 고향친구들이 맥킨타이어에게 도움을 청했고…
어 이런! 빨리 병원으로 옮깁시다.
선교사님 좀 도와주시라요. 이러다 곧 죽겠시요.
으아아아 냅둬! 그냥 죽을란다!
으야야야야
으야야야야

난 그 친구를 객점(여관)에서 우리 집으로
옮겨 놓고 아일랜드 선교사 헌터 의사를 불렀지.

헌터 의사가 매일 진료를 왔고,
우리가 또 지극정성으로
간호를 했지.

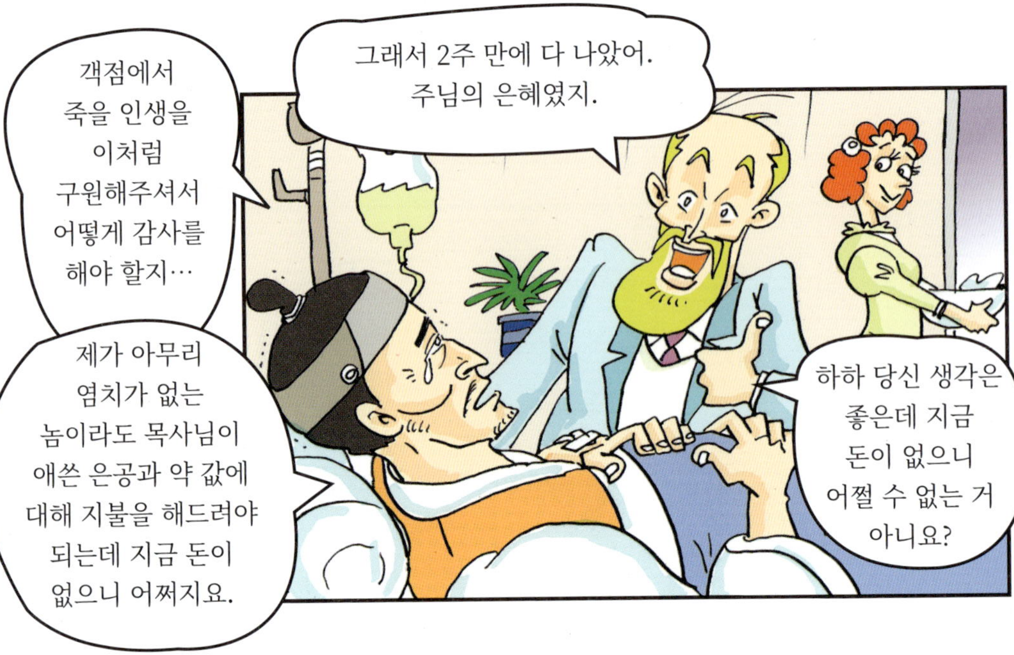

객점에서 죽을 인생을 이처럼 구원해주셔서 어떻게 감사를 해야 할지…

그래서 2주 만에 다 나았어. 주님의 은혜였지.

제가 아무리 염치가 없는 놈이라도 목사님이 애쓴 은공과 약 값에 대해 지불을 해드려야 되는데 지금 돈이 없으니 어쩌지요.

하하 당신 생각은 좋은데 지금 돈이 없으니 어쩔 수 없는 거 아니요?

그것보다도 당신이 진실로 고마운 마음이 나거든 하나님께 감사하고 이 책을 보시고 그 말씀대로 예수를 믿으면 이보다 더 큰 기쁨이 없겠습니다.

聖經

아, 네… 잘 알겠습니다.

이제부터는 주님이 알아서
하시겠지.
예수라?
이미 죽은 사람을 믿으라고?
이런
스토리로
서상륜 씨와
만나게
된 거죠.
서상륜 씨는 어려서부터
한학 공부를 많이 해서
매우 똑똑한 친구일세.
그래? 그럼
일을 한번 시켜
보지 뭐. 하하
오빠,
서상륜 씨는
인간성도
신실한 거
같았어요.

누가복음이란
책인데
한번 한글로
번역해
보실래요?
대충
읽어 본 적
있습니다.
路加傳
물론
급료는 지급
해 드리죠.
일감이 없어
고민이었는데,
감사합니다.
번역할 때 내용을 정확히 이해해야 하니
특히 꼼꼼하게 읽어야 합니다.
그렇게 읽다 보면
믿게 될걸?
路加傳
이미
낚였어!
사람 낚는
로스 어부에게.

6장: 한국개신교
최초 수세자들

의주로 다시
돌아온 이응찬,
한문 성경을
공부하던 백홍준과
친구들을 만난다.
어이, 홍준이!
오래간만이야!
어? 이게
누구야?
이 인간들 죽지 않고
살아있었구먼 반가우이!
이런! 응찬이!
누가 할 소리!
그간
뭐하고 지냈나
소식도 없이?

그나저나 자네들 뭘 그리 열심히 공부하나?
아무것도 아닐세. 신경 끄게나.
빨리 숨기자, 야!
하하! 난 그게 뭔지 알고 있다네! 그거 성경이란 책 아닌가?
오잉? 자네도 이 책을 아는가?
설마 이응찬이가 어찌 성경을 알겠나?
에이, 농담 아니면 거짓말일 거야!

그렇다면 자네도
우리처럼 예수를 믿는
한 형제이구먼. 반갑네!

어디, 알다 뿐인가?
이 몸이 만주에서 서양
선교사한테 그 성경이란
책을 한글로 번역해 주고
돈도 좀 만졌다는 거 아닌가!
하하!

내가 이런
몸이라고!
사람을 뭐로 보고…
흠흠…

만세!

아니, 그런 기적
같은 일이!

그러면 말일세, 우리랑 같이 성경을 제대로 읽고 연구해 보세나.
아니, 난 기술적으로 말만 옮기는 데 집중하느라, 내용에 그다지 신경을 쓰지 않았지.
이건 생명을 주는 책일세!
聖經
그러지 뭐… 어차피 할 일도 그다지 없는데…
자네 인생이 바뀐다고!
모든 성경은 하나님의 감동으로 된 것으로 교훈과 책망과
바르게 함과 의로 교육하기에 유익하니 이는 하나님의
사람으로 온전하게 하며 모든 선한 일을 행할 능력을
갖추게 하려 함이라 (딤후 3:16-17)

친구들과 성경을 제대로
읽고 공부하면서 이응찬은 드디
어 은혜를 받게 된다.

예수께서 가라사대
나는 부활이요 생명이니
나를 믿는 자는 죽어도
살겠고 무릇 살아서 나를
믿는 자는 영원히 죽지
아니하리니
(요11:25-26)

우리가 아직 죄인 되었을 때에 그리스도께서
우리를 위하여 죽으심으로 하나님께서
우리에 대한 자기의 사랑을 확증하셨느니라(롬5:8)
응찬이, 주님의 사랑을 알겠나?

인자가 온 것은 섬김을 받으려
함이 아니라 도리어 섬기려 하고 자기
목숨을 많은 사람의 대속물로 주려
함이니라(마20:28)

그가 찔림은 우리의
허물 때문이요 그가
상함은 우리의 죄악
때문이라 그가 징계를
받으므로 우리는 평화를
누리고 그가 채찍에
맞으므로 우리는
나음을 받았도다
(사53:5)

죄도 없는 주님이
우리의 죄를 사하시려고
이런 희생을 하시다니!
엉엉!

감사합니다.
주님!
은혜로다!
하하!
은혜야!
역시 주님의 말씀은
살아 있고 운동력이 있어
좌우에 날이 선
어떤 검보다도
예리하여 응찬이
자네의 혼과 영과 및
관절과 골수를 찔러
쪼개었구먼!
오 주여!
이 죄인을 용서
하소서. 이제
예수님이 나의
구주이심을
믿습니다.
엉-엉-! 꺼 이-꺼이! 엉엉!
그래! 모두 가서
성경 번역 일도 돕자고!
그래 응찬이! 이제 우리
만주로 가세나. 거기서
선교사님께 세례를 받자고!
엉엉! 그래
가자고! 이제
죽어도 주를
위해 살아도
주를 위해!
겁날게 뭐
있겠나?

보라 내가 새 일을 행하리니 이제 나타낼 것이라
너희가 그것을 알지 못하겠느냐 반드시 내가 광야에
길을 사막에 강을 내리니 (사43:19)

이응찬과 백홍준,
이성하, 김진기는
압록강을 건너
만주로 들어간다.

다
잘 되갔지?

성경 말씀에
아무 것도 염려하지 말고
다만 모든 일에 기도와
간구로, 너희 구할 것을
감사함으로 하나님께
아뢰라(빌4:6)고 했다.
걱정 말라 야!

드디어
심양에
도착했다.

奉天

瀋陽

여기가 바로
만주 수도
심양이다!

일명 봉천! 우리도 알아!

東關教會
심양(봉천)에 간 이들은 안식년 귀국을 앞 두고 다른 일들을 보기 위해 자리를 비운 로스 목사를 만나지 못한다.
로스 목사님 지금은 없다 해!
아, 이거 낭패로군.
뭐 그 일도 그렇고…
왜? 성경 번역 다시 하려고 그러냐 해?
하오!
그럼 우장으로 가서 맥킨타이어 선교사 만나라 해. 앞으로 로스 목사 없는 사이에 거기에서 성경 번역 하기로 했다 해!

이들은 우장으로 가서 맥킨타이어를 만난다.
營口 牛庄
맥 선생이란 분을 네가 좀 아냐?
응. 예전에 한번 만나 인사한 적이 있지.
마근태(맥킨타이어의 중국이름) 목사님 안녕하세요? 이응찬입니다. 기억 나십니까?
오! 존의 한글 선생님 이응찬 씨!
어머! 도망 가셨던 분이네!

營口: 영구　牛庄: 우장

반가워요 여러분. 전 로스 목사 여동생이에요. 이분은 제 남편 맥킨타이어 목사입니다.
하하 모두 반갑군요. 이쪽은 지금 누가복음을 번역하고 있는 서상륜 씨고요.
처음 뵙겠습니다. 서상륜이요.
난 김진기요.
난 이성하
이응찬이요
난 백홍준이요. 반갑습메!
로스 목사가 곧 안식년을 가질 텐데 그 동안 제가 성경 번역을 담당하기로 한 건 들으셨죠! 자, 여러분들은 이제부터 마태복음을 번역해주십시오.
저, 선교사님 그전에 부탁이 있습니다!
馬太傳

잠깐! 이응찬 씨는 술과 아편을 즐긴다던 소문이 있던데요.

아 그거요, 그건 다 예전 이야기입니다. 이제 모두 회개하고 깨끗하게 끊었습니다.

쯧쯧 이 친구…

하나님은
어떤 분이죠?

죄는 뭐죠?

맥킨타이어는 조선에서 찾아온 낯선 손님들로부터 뜻밖의 요청을 받고 이들의 믿음을 여러 가지로 시험해 보았다.

구원이란?

그거이…

예수님은
누구죠?

답이 성경에
다 있구먼, 뭐.

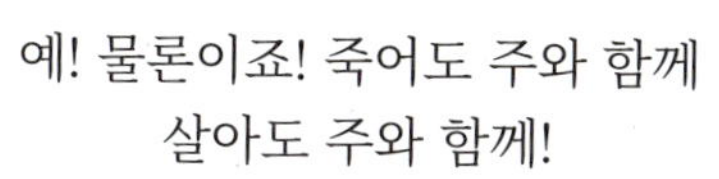

1879년 1월 만주 영구에서 한국 교회사 최초의 세례가 맥킨타이어 목사에 의해 집례 되었다.

내가 그리스도와 함께 십자가에 못 박혔나니 그런즉
이제는 내가 사는 것이 아니요 오직 내 안에 그리스도께서
사시는 것이라 이제 내가 육체 가운데 사는 것은 나를
사랑하사 나를 위하여 자기 자신을 버리신 하나님의
아들을 믿는 믿음 안에서 사는 것이라 (갈2:20)

여러 자료와 기록,
정황 등으로 볼 때
맥킨타이어는
순차적으로
이 네 명에게
세례를 베푼 것으로
보인다.

첫 번째 수세자 김진기는 1월에
세례를 받았고…

두 번째 수세자는
백홍준으로 3개월간
교육을 더 받고 나서
4월에 세례를 받았다.

세 번째로 이응찬이 술,
아편을 끊고 새사람이 되었음을
증명한 뒤 7월에 세례를 받았다.

그리고 동행한
그의 친척
이성하는
12월에 세례
받은 것으로
보인다.

이렇게 1879년 말까지 총 4명의 신자가 수세를 받았는데,
이들이 한국 개신교 최초의 세례 교인들이 바로 이응찬, 백홍준, 이성하, 김진기였다.

이는 선교사가 조선에 첫 발을 들인 1884년보다 5년 먼저 일어난 일이었다.

1884
Allen

?

1885
Underwood
Appenzeller

5

어떻게 조선 최초의 개신교 선교사인 우리가 오기 전에 조선에 수세자가 있을 수 있단 말이야?

세례를 받은 조선 형제들은
성경 번역 작업에 박차를 가했다.

여보게 친구
나 왔네!

때마침 우장에 들린 로스가 이 기쁜 현장을 목격한다.

여러분! 그동안 고생하신 로스 목사님이
영국에 돌아가 2년간 안식년을 갖기로 했습니다.
가시기 전에 인사차 방문하셨습니다!

아이고
이응찬 선생!
다시 와주었구려!

아이고
로스 목사님
보자마자 또
이별이네요!
섭섭해서
어째요?

로스 목사님, 인사드립니다.
전 백홍준이라 합니다. 5년 전 고려문에
오셨을 때 만나셨던 백씨 어른이
제 아버님 되십니다.

세상에나!

그 인품 좋고 아는 것도
많으셨던 어르신의
아드님이군요!

정말 반가워요!
아버님 덕에 제가
조선말 배울 생각을 하게
된 겁니다. 고마워요!

전 목사님이 아버님께
주신 성경책을 읽고
예수님을 믿었습니다.
제가 감사를 드려야죠!

영국 가서 한글 성경 출판 자금을 마련해봄세!

그래 수고하게나.

그저 일 생각뿐이네. 그냥 푹 쉬다 오시우!

너도 재미있게 놀다와 드루야!

바이
목사님 걱정 말고 잘 놀다 와라 해!
오빠는 이번에 가셔서 새 장가 꼭 드세요! 언제까지 혼자 지내실 거에요?
푹 잘 쉬다 오게나!

오직 여호와를 앙망하는 자는
새 힘을 얻으리니 독수리가
날개치며 올라감 같을 것이요
달음박질하여도 곤비하지
아니하겠고 걸어가도
피곤하지 아니하리로다
(사40:31)

자, 형제들 로마서부터 나머지 신약 전부를
올해 안에 1차 번역을 마쳐주세요. 그럼 제가
그리스어 성경과 함께 대조 작업을 하며
수정 작업을 하겠습니다.
저, 선교사님
저는 이제 고향으로
가보려고 합니다.
백홍준 형제. 아니
이 중요한 시점에 일당백의
용사가 떠나면 안 되지요.
흔들리면
안 돼…
왜? 우리랑 같이 성경 번역하자.
이거이 매우 중요한 일이잖니?

내레 압록강을 건넌 것은 세례를 받기 위함이었는데, 이제 세례를 받았으니 전도하러 돌아가야 합니다.
음, 백 형제가 그리 생각하였다면 하나님 뜻이 거기에 있을 지도 모르겠소.
목사님 기도 해보시라요.
그래요. 고향에 가서 전도하는 것도 매우 중요한 일이니까요.
앞으로 백 형제가 의주에서 하는 전도 활동에 우리가 물심양면으로 돕겠습니다!
할렐루야
홍준이는 언제나 폼 나는 일만 하는구먼.
대단한 분일세…
감사합니다 목사님. 이 한 몸 바쳐 전도하죠!

상상할 수도 없는 좋은 선물을 가지고 왔지…

어? 백 씨 얼마 만에 온 거야? 만주에서 물건 좋은 거 해왔나?

백홍준은 이제 의주에 거주하며 최초의 전도인으로서 복음을 은밀히 전파하기 시작한

여보, 백홍준 형제에게 온 편지에요? 뭐래요?

응, 한문 성경하고 과학 서적과 전도지를 좀 더 보내달라고 하는군.

조심하시고,
이 편지도 꼭
좀 전달해
주시오.

걱정마쇼.

1879년 말
맥킨타이어는
자청하는 한국
상인을 통해
과학서적을
포함한 한문성경과
전도책자
한 꾸러미를
백홍준에게 보낸다.

뭔가 수상해! 잡아!

어이쿠!
왜 그러시오?

이리 와봐!

그러나
불행히도
이 상인은
국경 검문에
걸리고 만다.

성경? 과학?
이거 전부
불온서적들이구먼!
죄다 압수해!

대장님 서찰도 있시요!

이 간나, 서양간첩
아이가?

천주쟁이
조직원 잡은 거
같은데?

이거 누구한테 보내는
거였지? 수취인이
총책이겠구먼!

여기 편지에 나와 있네!
“의주에 있는 백홍준에게?”
바로 이 자가 두목이구먼!

이건 천주쟁이
조직이 틀림없어!
이번에 모두 일망타진
하고야 말겠다!

뭣들 하느냐?
당장 괴수
백가 놈을 잡아
들이렸다!

백홍준! 불온서적
밀수 죄로 체포한다!

이 사건으로 백홍준은 체포되었고,

3개월간 투옥되어 있었다.

그러나 취조과정에서 백홍준이 천주교 신자가 아님이 밝혀진다.

얘네는 뭐 야소교라나 길리시도교라나 좀 다르다는데요.

네가 천주쟁이가 아니라고?

억울합니다! 저는 나리가 생각하는 천주교도가 아닙니다!

그럼 일단 풀어줘. 별로 위험한 놈 같지는 않으니까.

백홍준은 결국 천주교 신자가 아닌 까닭에 3달 만에 풀려났지만,
다시 보는 일 없도록 하자!
천주쟁이나 예수쟁이나 뭐 다른가?
수고하쇼
어이구 여보 살아오셨구려!
이게 뭐야? 집안 꼴이 왜 이런 거요?
그는 거의 모든 재산을 잃었다.
역적질을 했다고 죄다 약탈해 갔어요.
허 참, 도둑이 따로 없구먼.

형제님, 몸 성히 나오셨구먼.
그 동안 별 일 없으셨죠?
할렐루야!
여보… 이젠 집안 거덜 낸 야소교 일 안 할거죠?

아멘!
왜 안 해? 이제부터는 내가 직접 뛰면서 더 열심히 해야지!
오 주여!

이럴 때일수록 더더욱 주님이 살아계심을 증거해야 되는 거요!! 나 영구(우장)에 좀 다녀오리다!

마근태 목사님 만나 보려고요? 제발 몸 조심 하세요, 여보!

힘내라 힘! 홍준 형제!

우장으로 맥킨타이어를 찾아간 백홍준.

저를 위해 돌아가신 주님을 위해 핍박 받는 일은 즐겁더란 말이오!
할렐루야!
으
하
하
하
하
홍준이! 자네 실성한 건 아니지?
괜찮나? 홍준이?
그동안 우리들은 로마서부터 신약을 끝까지 1차 번역을 끝마쳤어요.
그래요? 빨리들 완성하세요! 그럼 내가 그걸 조선으로 배달하겠소!
신약
갈라
로마서
골로

백홍준은 의주의
교인들과 함께
한문 성경 및
서양서적을
여러 가지 방법을
동원해 국경으로
밀반입 하기
시작한다.

떠들지 말고 쉿!

훗날 한글 성경이 번역· 출간된 뒤,
복음을 밀반입하는데 중요한
노하우를 제공하게 되죠.

이번에는
아예 집단으로
만주 영구
(우장)으로 가서
특별 성경 공부를
하는 게 어떨까요?

좋지요! 어차피 물건
팔러 영구에 가야
되니까요 하하!

1880년

1880년부터 맥킨타이어는 이응찬과 그의 동료들이 번역한 일차원고를 그리스 성경과 대조·수정을 하고 있었다.

또 1880년, 의주에서 백홍준이 전도한 장사꾼들이 5~6명씩 떼를 지어 우장으로 향했다.

잘 오셨소 여러분.

자기 집처럼 편하게 지내세요.

폐가 많습니다!

이들은 맥킨타이어 선교사 집으로 와서 며칠간 묵으며 성경공부를 받고 가거나…

어떨 땐 일주일간 집중으로 성경 교육을 받고 돌아갔다.

아~ 꿀맛!

우린 복 받은 거여!

야! 목사님이 가르쳐주니깐 이해가 쏙쏙 잘되네!

시편 103편 말씀은 말입니다…

이런 사람들의 수가 1880년에는 30여 명, 그리고 이듬해인 1881년에는 100여 명이나 되었다고 한다.

하나님은 이렇게 조선 땅, 의주에 있는 신자들의 믿음을 성장시켜 가셨다.

이렇게 말씀으로 준비된 의주의 초기 신자들은 후에 한글 성경이 완성된 뒤 성경을 조선에 밀반입하는 주요 일꾼들이 된다.

1부 끝